听三折念經系列

有趣得让人睡不着

三折的金融学 ①

金融基础

三折人生 著

法律出版社 LAW PRESS·CHINA

图书在版编目(CIP)数据

三折的金融学. 1, 金融基础 / 三折人生著. -- 北京 : 法律出版社, 2021
(听三折念“经”系列)
ISBN 978-7-5197-5059-6

Ⅰ. ①三… Ⅱ. ①三… Ⅲ. ①金融学-通俗读物
Ⅳ. ①F830-49

中国版本图书馆 CIP 数据核字(2020)第 202045 号

三折的金融学 1
——金融基础
SANZHE DE JINRONGXUE 1
— JINRONG JICHU

三折人生 著

策划编辑 冯雨春
责任编辑 冯雨春 张 颖
装帧设计 马 帅

编辑统筹 法律应用出版分社
出版 法律出版社
总发行 中国法律图书有限公司
经销 新华书店
印刷 天津嘉恒印务有限公司
责任印制 吕亚莉
开本 A5
印张 9
字数 50 千
版本 2021 年 1 月第 1 版
印次 2021 年 1 月第 1 次印刷

法律出版社/北京市丰台区莲花池西里 7 号(100073)
网址/www. lawpress. com. cn
投稿邮箱/info@ lawpress. com. cn
举报维权邮箱/jbwq@ lawpress. com. cn
销售热线/400-660-8393
咨询电话/010-63939796

中国法律图书有限公司/北京市丰台区莲花池西里 7 号(100073)
全国各地中法图分、子公司销售电话:
统一销售客服/400-660-8393/6393
第一法律书店/010-83938432/8433 西安分公司/029-85330678 重庆分公司/023-67453036
上海分公司/021-62071639/1636 深圳分公司/0755-83072995

书号:ISBN 978-7-5197-5059-6 **定价**:48.00 元
(如有缺页或倒装,中国法律图书有限公司负责退换)

序言一

Preface

通常来说，金融学是个让人又想亲近又觉得难以亲近的学科。一方面，金融学与我们的生活息息相关，小到柴米油盐恩格尔系数，大到货币政策中美贸易战，都绕不开它；但另一方面，金融学具有一套自身完备的术语和逻辑，即便我们经常能在热点新闻里听到和看到一些名词，也常常知其然而不知其所以然。市面上众多的金融学读物，对大多数读者来说过于枯燥，读不下去也情有可原。

作为具有多年金融行业从业经历的金融老兵，三折兄的这本《三折的金融学》真正做到了举重若轻。即便大家不从事金融行业，《三折的金融学》作为一本金融扫盲读物也非常值得关注。与一般的金融学读物不同，本书作者用具象的情景和诙谐的语言将金融学用漫画的形式呈现出来，把晦涩的术语揉碎了再平铺开来，使金融学专业知识有了极强的可读性。

本书分为“基础概念篇”、“宏观指数篇”、“金融业务篇”、“金融工具篇”和“金融创新篇”，从点到面，由浅及深，十分适合读者循序渐进地了解身边的金融学。在普及金融专业知识的路途中，好的领路人能让我们充分、精准地学习金融学最核心、最前沿、最实用的知识，但又不存在过高的专业门槛。幽默的漫画和通俗易懂的文字，在不知不觉中就让我们理解了那些看似“高冷”的术语。

以本书提到的 FOMC 为例，一个听起来挺陌生的词，原来就是“套了个马甲”的美联储，这对我们来说就是熟悉的老朋友了。但美联储到底是什么，其组成架构、职能以及对我们的影响如何，读者们大多并不清楚。但通过本书的十多幅漫画，美联储背后的运行逻辑及其对金融市场、普罗大众的生活影响一目了然。

本书最难能可贵的是，三折人生的漫画延续了以往的风格，幽默风趣，与时事热点结合在一起，赋予古板和晦涩的金融学术语以鲜活的灵魂，真正做到了打破金融学高冷的“假面”，使他变得平易近人。所以，别犹豫了，请跟随本书进入三折人生的金融学世界。

陈府申

金杜律师事务所合伙人

新媒体图解金融创始人

2020 年 9 月 29 日

序言二

Preface

你不理财，财不理你。金融也一样，你不关心金融，金融就不会来关心你。多掌握些金融知识，不仅有助于个人财务管理，而且也能以更加客观准确的视角，观察丰富多彩的世界。

金融知识覆盖大众不是一件容易的事。大众对金融“高大上”的距离感主要来自两个层面：其一是金融业存在大量专业术语，这是大众与金融之间的第一道壁垒；其二是金融交易本身的复杂性，举一个简单的例子，大部分人都曾频繁的在监管文件中了解到“穿透”一词，却不明白究竟何为穿透、为何穿透、如何穿透，故非从业者即使了解术语的表意，还存在知其然而不知其所以然的困境。

因此，做好金融科普除了需要具备专业素养和对金融市场的深刻见解外，更重要的是具备将“复杂问题简单化”并以生动的形式进行表达的能力。有此能力且有志于此的人并不多见。

本书作者三折人生具有多年金融行业从业经历，目前深耕“三折人生”公众号，曾与上海证券交易所、深圳证券交易所以及众多知名金融机构合作，公众号的文章主要以漫画形式进行投资者教育、法规及金融产品讲解，妙趣横生，紧贴金融热点，拥有众多忠实的读者，在业内具有很强的独特性和知名度。

《三折的金融学》呈现了一个“接地气”的金融市场。形式既简单又有趣，实现了“五分钟”讲解一个看似高大上的金融问题，深入浅出又不失专业性。本书最大的亮点在于通过简短的漫画，以极具生活化的比喻对金融进行通俗的解释，让金融术语变得不那么“高冷”。并且使读者在了解金融知识的同时，对于相关交易的内涵有更深入的了解，而非停留在晦涩的概念解释上。

本书涵盖了近两年频繁提及的热门话题，划分了金融概念、宏观指数、金融工具、金融业务以及金融创新五个专题，既包括对久期、融资租赁、FOMC、ABS 等金融交易的解释，又覆盖了与大众生活息息相关的汇率确定、第三方支付等常见问题，并选入了智能投顾、区块链等热点，在内容上兼顾了大众与从业者的需求。希望这本兼具专业与诚意的图书，能够打破大众对于金融市场的畏惧，以“接地气”的形式，将金融市场的面貌呈现给大众。

张岸元
中信建投证券首席经济学家
2020 年 10 月

前言
Foreword

三折的书终于出版啦，我那颗淡定的小心脏还是比往日跳得快了那么一点点。

手捧着自己的书，回首往昔，金融和漫画成为我生命中挥之不去的标签。

我记得小时候，每次开学，拿到还飘着墨香的课本的时候，第一件事就是翻看里面的图片，然后顺手在封面、内页等地方画上自己喜欢的动漫角色，仿佛这样课本才有灵魂。随着年龄的增长，学业压力增大，我渐渐克制了自己的这个爱好。

但爱好不会磨灭，有时候仿佛一棵韭菜，到了一定的时候，就又会肆意增长。2016 年微信公众号开始逐步流行，我也是在那时开始以“三折人生”的名义创作，当时权当是自己的一个业余调剂，把工作上的感悟、生活中的点滴，通过画笔展现出来。没成想，这一画就是四年多，把业余调剂硬生生变成了一日三餐，还顺道出版了书！生活太神奇啦，一波三折的人生，才是人生啊。

下面我就简单介绍一下我的人生。我本硕读的都是金融学，对，我是个专一的人，虽然我后来发现硕士的内容和本科差不多，只是论文要写得长一点。然后我又顺理成章地进入金融行业，而且这一漂浮就是十余载，有时候工作真的使人快乐，工作节奏都快到乐不起来。记得有时候开会，仿佛只有蹦出佶屈聱牙的专有名词才能显得专业。对一个金融术语，不能叫它的中文全名，必须叫它的英文名称，还是首字母缩写！仿佛不这样叫，开会就没有了灵魂！虽然当时我也蹦着“首字母缩写”，但内心总是想怒吼，大哥，我们是在特务接头吗？必须让别人听不懂才行？

所以这本书，就是想让读者们在碰到首字母缩写的时候，能真正了解其背后的含义，成为一本能让人秒懂的书。

如果您对金融感兴趣，又对天花乱坠的金融概念无所适从的话，那么这本书应该很适合您。如果您在读了这本书以后，感觉真能起到那么一点点作用，我脸上一定能泛起蒙娜丽莎般的微笑。有时候阳春白雪不那么美，下里巴人才是真的俊，您说是不是？

本书是三折人生早期的一些作品，后续还会将最新作品集结成册，成为系统的金融读物。但是，由于我在金融行业漂浮的还不够长久，毕竟头还没秃，还没变得那么强，书中难免有错误或者纰漏，也请广大读者们给予指正，我一定认真整改，好好学习，天天向上。

最后，还是要感谢给予本书最大支持的各位老师和朋友，你们的指正、校对、纠错，你们的汗水和鼓励，才让我能最终完成书稿；我还要感谢我的家人，月亮照我前行！

对了，有很多读者问我为什么叫三折人生？哦，先让我保有这个小秘密，好不好？再次感谢读者朋友，你们的关注，才让这本书有了灵魂！

特别声明：本书观点仅供参考，不构成投资建议。

目录

Contents

基础概念篇

宏观指数篇

金融业务篇

基础概念篇

1. 汇率是如何确定的

啥问题?

汇率是一国货币兑换另一国货币的比率。
比如，人民币汇率即人民币兑换另一国货币的比率。

汇率决定理论中最具影响力的是“购买力平价理论”，英文全称“Purchasing Power Parity”，简称“PPP”，是由瑞典经济学家古斯塔夫·卡塞尔（Gustav Cassel）在 1916 年提出的。

该理论主要是说汇率与各国的价格水平之间具有直接联系，

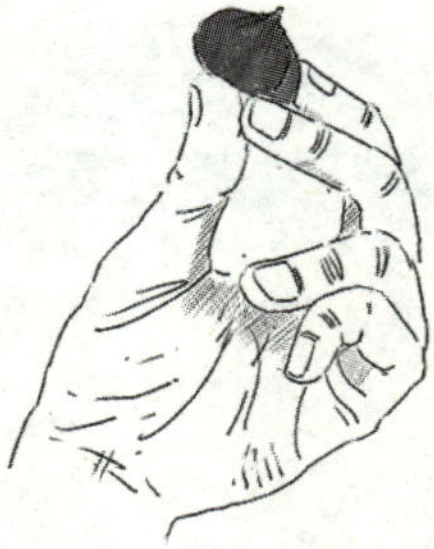

我们举个
极端简化的“栗子”

比如，A 国和 B 国

当然，实际参照的商品不会仅是面条，还会是两国之间的可贸易商品。

但购买力平价理论与实际汇率偏差幅度非常大，得不到实证检验的支持。

哦，在高通胀时期还是能较好成立的。

购买力平价理论的价值在于，首次从货币数量角度对汇率进行分析，被广泛用于对汇率水平的分析和政策研究。

汇率决定理论还有很多，能够相互补充，相互替代，且在不断发展和完善中。我们有机会可以具体说。

那就得说说人民币汇率的中间价。

人民币汇率中间价相当于一个指导价，是即期银行间外汇交易市场等最重要的参考指标，价格在中间价限定的上下范围内波动。

就像下面这样：

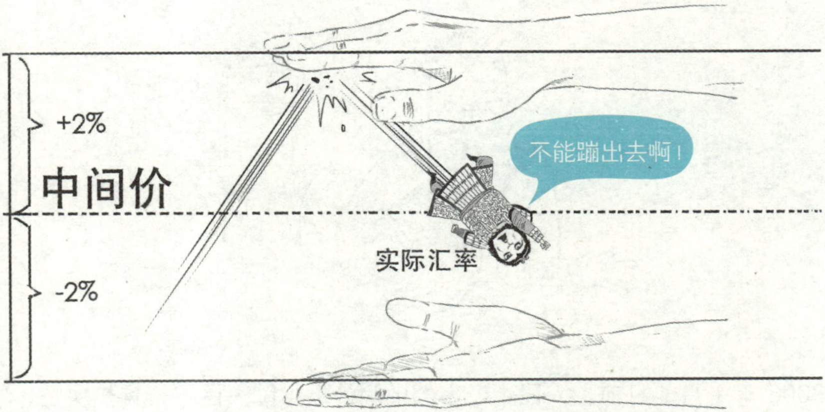

人民币兑美元汇率与中间价偏离度不超过 2%，

而人民币兑其他币种是 3%。

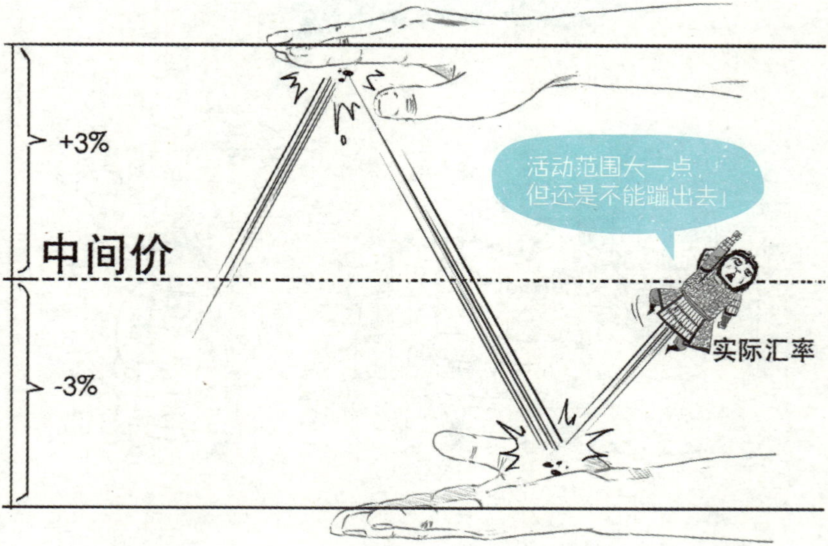

2006 年 1 月 4 日前，人民币汇率的中间价是中国人民银行直接决定，
中国人民银行简称为央行。

用收盘价作为中间价，可以反映外汇市场的供求关系，
但怕就怕

于是，2006 年 1 月 4 日开始引入银行间外汇市场做市商的中间询价机制，且由央行授权中国外汇交易中心公布。

来，大家报送一下兑换B国货币的比价。
1:8
1:9
1:6
1:5
1:7
外汇交易中心
做市商
去掉最高和最低报价。
外汇交易中心
做市商
再算个加权平均，就1:7吧！
外汇交易中心
做市商

2015 年 12 月 11 日中国外汇交易中心公布人民币针对美元的汇率指数，初步形成“收盘汇率 + 一篮子货币汇率变化”的中间价形成机制。

以 A 国兑 B 国货币汇率中间价为例。
当仅以 A 国兑 B 国货币收盘汇率作为中间价，A 国汇率受 B 国影响太大，导致整个国家对外贸易竞争力大幅波动，加剧国际收支不平衡，不够稳定；

而一篮子货币是与多个国家货币挂钩，汇率指数变动更稳定，所以加上了一篮子货币汇率后，

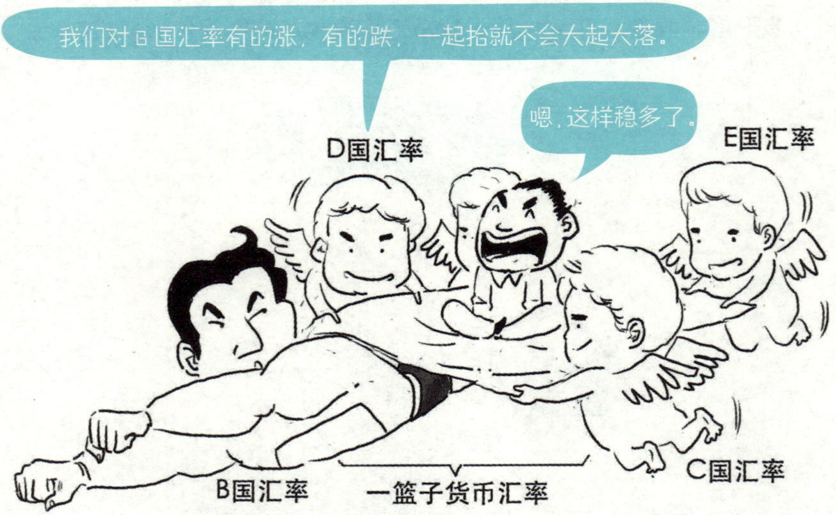

“收盘汇率 + 一篮子货币汇率变化”的中间价实际流程是这样的：

BP是Basis Point的意思，表示基点，是利率变化的度量单位，1BP=0.01%。

当日得到的中间价 6.490 较昨日中间价 6.495 升值 50BP，
这增值的部分，正是一篮子货币汇率变化的结果。

每个工作日上午 9 时 15 分，中国外汇交易中心会发布中间价。

所以“收盘汇率 + 一篮子货币汇率变化”的中间价形成如下：

这就是人民币汇率形成的机制，
这一节就说到这儿吧。

一句话名词解释

汇率：一国货币兑换另一国货币的比率。

购买力平价理论：英文全称“Purchasing Power Parity”，简称“PPP”，由瑞典经济学家古斯塔夫·卡塞尔（Gustav Cassel）在 1916 年提出的，是一种研究和比较各国不同的货币之间购买力关系的理论，指出汇率与各国的价格水平之间具有直接联系。

人民币汇率中间价：相当于一个指导价，是即期银行间外汇交易市场等汇价的最重要参考指标，实际交易价格在中间价限定的上下范围内波动。

2. FOMC 是啥意思

你觉得是啥意思？

FOMC 全称 The Federal Open Market Committee，即美国的联邦公开市场委员会。FOMC 隶属于美国联邦储备系统（The Federal Reserve System）。

它的小名——美联储，你一定听过吧？

美联储组成结构如下：

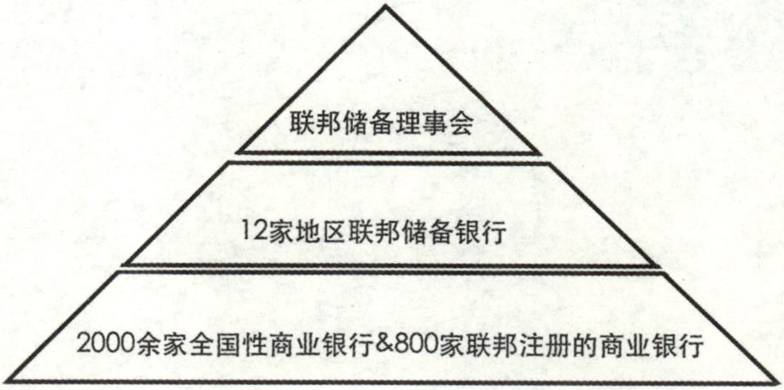

美联储负责履行美国中央银行职责，在制定货币政策过程中拥有完全的独立性，不受总统和财政部的影响。这一独立性受《联邦储备法案》保障：美联储制定货币政策时不受包括总统在内的任何行政政府部门干预。

FOMC 作为美联储隶属机构，最主要的职能是利用公开市场操作，负责决定投入市场的货币总量，并对联邦储备银行在外汇市场上的活动进行指导。

不是炒作啦！ 我是说公开市场操作，

公开市场操作是通过中央银行与指定交易商进行有价证券和外汇交易，吞吐基础货币，实现货币政策调控目标。

当市场上货币过多时，就像下面这样，

当市场上货币较少，流动性不足时，

FOMC 通过公开市场操作，从一定程度上影响市场上货币的储量。

FOMC 由 12 名成员组成，

FOMC12巨头

他们分别是 7 名联邦储备体系理事会理事、
12 位储备银行行长中的 5 位行长。

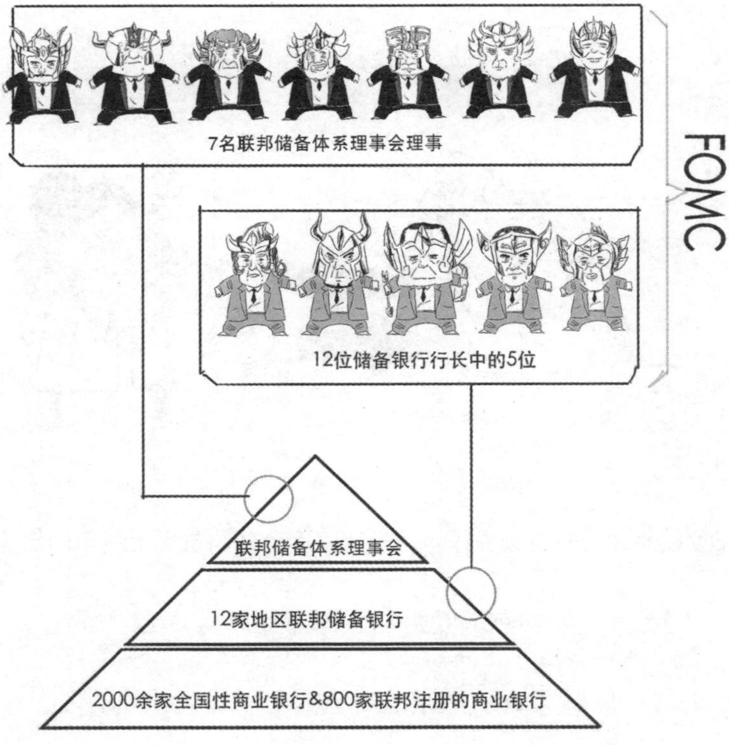

其中，12 名成员中有 8 名为常任委员，分别是联邦储备理事会理事 7 人和纽约储备银行行长。

纽约储备银行行长具有常任委员的资格主要是因为纽约在美国经济中占据着最重要地位。

7名联邦储备理事会理事

+

纽约储备银行行长

=

FOMC常任委员

剩下的 4 个席位，每年在其余 11 位地区联邦储备银行行长中轮换，但也不是随意轮换，而是根据 11 个联邦储备银行地理位置来决定，确保分权制衡，防止政策决策权集中在少数几个地区。

美联储理事会作为美联储的最高管理机关，每一名理事都由总统提名任命，任期为 14 年，一般由专家、学者和名人组成。

当然由于理事辞职等原因，FOMC 也并不总是 12 人，会出现人员空缺的情况。

FOMC 主席由美联储主席担任，委员会副主席一般由纽约储备银行行长担任。非 FOMC 成员的联邦储备银行行长都可以参加联邦公开市场委员会的讨论会议，但是没有投票权。

FOMC 每年召开 8 次例会，一般在 2 月和 7 月的会议上，重点分析货币信贷总量的增长情况，预测实际国民生产总值、通货膨胀、就业率等指标的变化区间。在其他 6 次会议中，要对长期的货币信贷目标进行回顾。

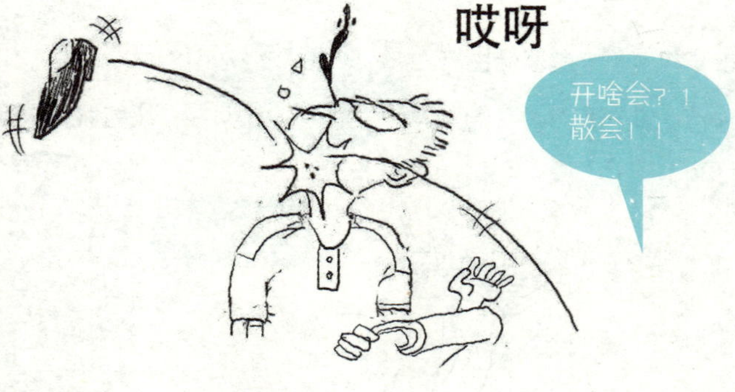

会议上，美联储的货币政策由 FOMC 委员表决作出。

由于对货币政策主张不同，在 FOMC 内部形成了不同阵营，
即所谓的鹰派、鸽派和中间派。

“鹰派”一般主张相对紧缩的货币政策，支持以较高的利率防范通胀风险。“鹰派”最大的担忧是高通胀带来的经济衰退。

“鸽派”一般主张宽松的货币政策，支持以较低利率促进就业，而把对通胀的担忧放于次位。

“中间派”没有明显的政策倾向，往往根据具体情况的不同而倾向于支持“鹰派”或“鸽派”，因而“中间派”态度的微妙变化很可能对货币政策的变化产生关键影响。

FOMC 委员通过“吹风”管理市场预期，进而影响资产价格。委员们言论的变化可以作为货币政策变化的前瞻性参考指标。

美联储货币政策对国际金融市场、资金流向乃至其他国家央行货币政策都拥有一定的影响力。

1. 美元是包括黄金、原油在内的全球大宗商品的计价货币，美元的上涨及下跌，将对大宗商品价格构成反向影响。

2. 由于美元在国际货币体系中具有中心地位，美元加息的节奏及时机，将对全球流动性带来至关重要的影响。

就资产板块而言，美元加息将引领资金从非美资产流向美元资产；

就区域板块而言，美元加息将引领跨境资金从欧日及新兴市场回流至美国市场。

3. 鉴于前两点，正是由于美元加息会对他国造成影响，因此政策的溢出效应巨大，各国央行制定利率政策不得不将美联储货币政策走向作为一个前提条件，由此带来政策的不确定性。

好了，今天联邦公开市场委员会就说到这儿。

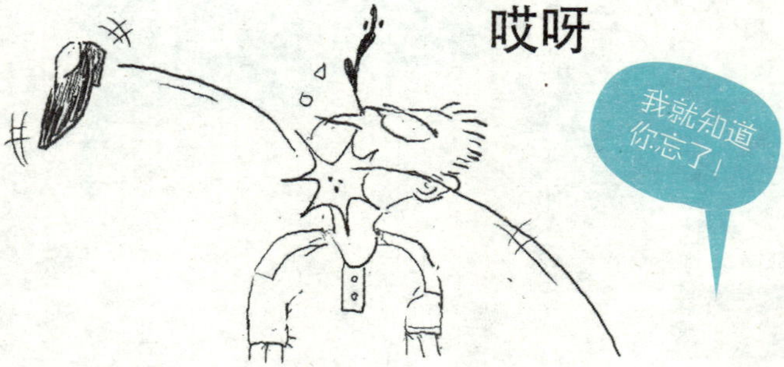

我们一句话总结如下:

美国的联邦公开市场委员会就是 FOMC 的全称,
主要任务是决定和调控美国货币政策,以期达到
经济增长及物价稳定两者的平衡。

一句话名词解释

FOMC：全称 The Federal Open Market Committee，即美国的联邦公开市场委员会，是美联储的隶属机构，其最主要的职能是利用公开市场操作，负责决定投入市场的货币总量，并对联邦储备银行在外汇市场上的活动进行指导。

公开市场操作：中央银行通过在金融市场上，与银行等指定交易商进行有价证券和外汇交易，吞吐基础货币，实现货币政策调控目标。

鹰派、鸽派和中间派：根据货币政策主张不同，在 FOMC 内部所形成的不同阵营。

鹰派：一般主张相对紧缩的货币政策，支持以较高的利率防范通胀风险；“鹰派”的最大担忧是高通胀带来的经济衰退。

鸽派：一般主张宽松的货币政策，支持以较低利率促进就业，而把对通胀的担忧放于次位。

中间派：没有明显的政策倾向，往往根据具体情况的不同而倾向于支持“鹰派”或“鸽派”，因而“中间派”态度的微妙变化很可能对货币政策变化产生关键影响。

3. 蒙代尔不可能三角和美元如何加息

我们时不时地会听到如下新闻，比如，
北京时间 2018 年 6 月 14 日凌晨 2 点，FOMC 宣布加息 25 个基点，
升至 1.75%~2%，符合市场预期。

FOMC 宣布美元加息，
最直接的影响就是他国货币有贬值压力。

可以这样理解，美元加息意味着持有美元的收益会增加，那么投资他国的国际游资将受美元高利率的吸引，而回流美国，从而引起他国货币汇率向下的波动。

这个……

那我们先来说一个理论，叫蒙代尔不可能三角。

Impossible trinity

该理论是由保罗 – 克鲁格曼创建，
而理论基础是由蒙代尔和弗莱明建立。

哦嚯，我们就来具体瞅瞅。

蒙代尔不可能三角是指一个经济体的货币自主权、汇率稳定和资本自由流动之间，必须舍弃一个，三者不能兼得。

汇率稳定不必多言，另两个概念简单解释一下。

货币自主权，是指在经济体内央行可以制定货币政策，自主决定是要发放还是收回货币，调控流动性。这对一个国家的主权来说很重要。

资本自由流动则是指国外资金可自由进行投资或者撤资。

举个栗子[①]：

假设你有个大花园，你准备开放给游客参观，并收取门票钱。

① 举个栗子，为网络用语，是“举个例子”的谐音；下同。

你有权决定每天发放门票数量，如每天 100 张；
门票价格也相对稳定，10 元一张。

买票的游客可以随意进出花园。

你现在希望同时达到能自主决定门票供应量、门票价格维持10元不变、游客可以自由买票进出三个目标。

你能成功吗？

若游客增多，你还要允许游客自由进出，就很难达到既维持门票价格稳定，又保证门票数量不变的目标。

这不光是黄牛的原因……

若游客减少，你还是希望达成三个目标，
结果——

我们将你的大园子看作一个经济体，
则游客自由进出 = 资本自由流动，
票价 10 元 = 汇率稳定，
门票数量决定权 = 货币自主权，

同上理，三个目标不能同时实现。

这就是蒙代尔不可能三角理论。

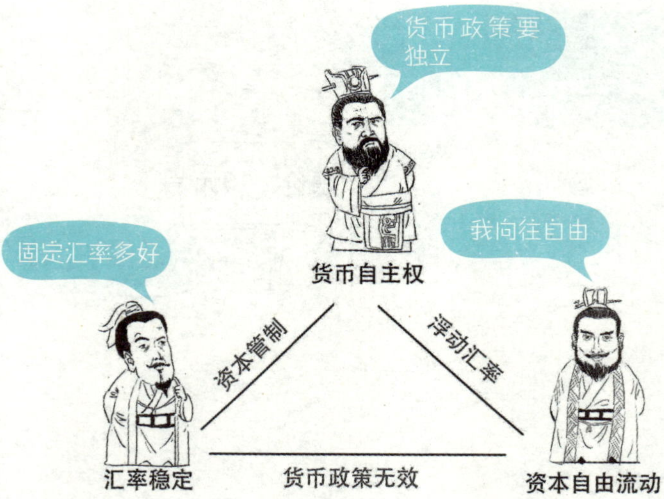

面对蒙代尔不可能三角，中国也需要有自己的选择。

第一种选择：放弃货币自主权，保持汇率稳定和资本自由流动。

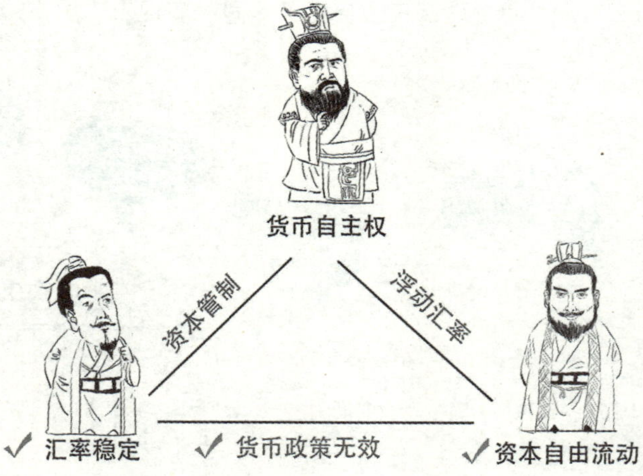

但维持货币政策独立，是确保经济稳健发展的基本要求，央行必须要有货币自主权。

第二种选择：放弃资本自由流动。

作为出口大国，除了货币政策保持独立，我们也确实需要稳定的汇率。

若放弃资本自由流动，就需进行资本管制。

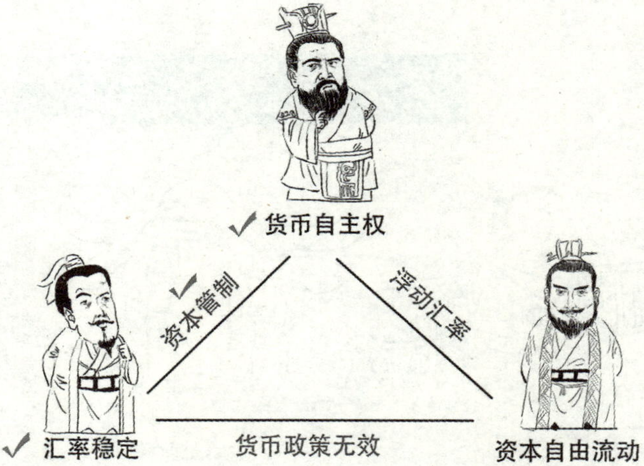

是的。

但是资本管制本身很困难，国际资本在各类虚假贸易、短期债务、FDI 等资本科目的庇护下，还是能自由流动来进行逐利活动。鉴于此，我们需要做出其他选择。

FDI 是 Foreign Direct Investment 的缩写形式，即外商直接投资。

第三种选择：

目前，我国资本项下开放已提上日程。

且人民币要实现国际化进程，势必也要逐步实现资本自由流动，

而货币政策我们必须独立，

此时，我们只能选择放弃固定汇率。

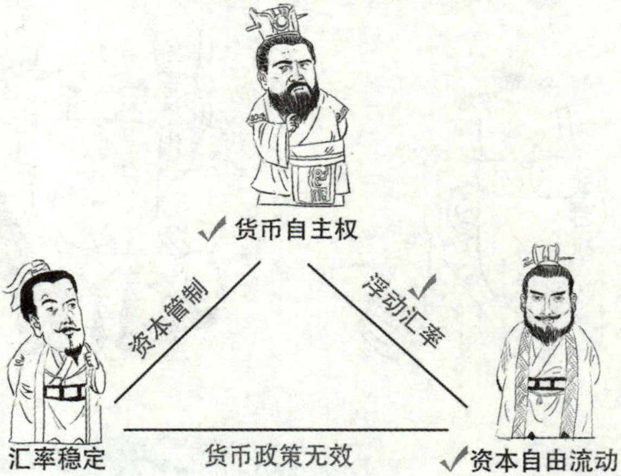

因而若美元加息，资本回流美国，

汇率浮动，此时人民币会有一定的贬值压力。

有请耶伦为我们模拟加息的过程。

那我们开始吧！

美联储是如何影响商业银行存贷款利率的呢？

美国联邦基金利率（Federal Funds Rate）就是美国国内金融机构间的同业拆借利率，该利率是由美联储宣布的。

但是，总有人想要搞事情。

这里所说的“自己的利率”，是指银行间拆借利率，即各商业银行之间缺少头寸时，互相借款所支付的利率。

美联储并不具有调节银行间拆借利率的能力，它能够调节的只是自己能决定的拆借利率，它会采用如下方法来影响和决定整个市场的利率。

1. 假如美联储希望降息：

当美联储降低其拆借利率，因为向美联储拆借的成本低，
商业银行之间的拆借就会转向商业银行与美联储之间，
进而整个市场的拆借利率也将随之下降。

2. 假如美联储希望加息：

商业银行其实并不是很有钱，只是借来的钱多了，就变得有钱。

美联储此时会通过在公开市场上抛出高息国债，吸纳金融市场过剩的超额货币，造成同业拆借市场的资金紧张，迫使银行间拆借利率与美联储的拆借利率同步上升。

美联储拥有如此干预市场利率的能力，故一旦美联储宣布提高自己的拆借利率，整个市场就会跟风而动。美联储不需要真的在公开市场操作，商业银行也老老实实跟着上调利率。

就这样，银行借贷利率就与美国联邦基金利率步调保持一致。

美联储达到调整市场存贷款利率的目的！

上一节我们主要说了美元加息对其他国家央行货币政策的影响，我们再来看看对普通民众的主要影响。

1. 美元加息，人民币贬值压力增大。对民众来说最直观的感受就是出国留学、出国旅游、出国购物、海外代购等成本上升。

2. 美元加息，黄金价格下跌。

美元加息走强后，以美元计价的黄金确实会更贵，但东西一贵，购买的人就减少，因此投资的吸引力也会降低，价格随之下跌。这跟供给和需求影响商品价格是一个道理。

3. 美元升值会带来美国资产的升值。对他国来说，持有美债等资产投资价值凸显。

举个栗子，当母鸡价格是 50 元一只的时候，
你借我一只母鸡。

后来母鸡价格涨到 80 元，两只母鸡的价格就是 160 元。

这里母鸡就相当于美债等以美元计价的资产。
母鸡升值了，大家都愿意持有母鸡。
同样道理，美元升值带来美债也升值，投资价值凸显。

一句话名词解释

蒙代尔不可能三角：一个经济体的货币自主权、汇率稳定和资本自由流动之间，必须舍弃一个，三者不能兼得。

货币自主权：这对一个国家的主权来说很重要，是指在经济体内央行有权制定货币政策，自主决定是要发放还是收回货币，调控流动性。

资本自由流动：国外资金可随便进入国内投资或者撤资，自由流动，不受限制。

美国联邦基金利率（Federal Funds Rate）：美国国内金融机构间的同业拆借利率，该利率是由美联储宣布的。

4. M1 和 M2 的故事

根据央行公布的 2016 年 4 月数据，M2 同比增速只有 12.8%，前值为 13.4%。M1 同比增速则为 22.9%，M1 与 M2 剪刀差为 10.1%。

哈罗？哈罗！！

你怎么没有一点反应？

你对这些数字没有感觉吗？

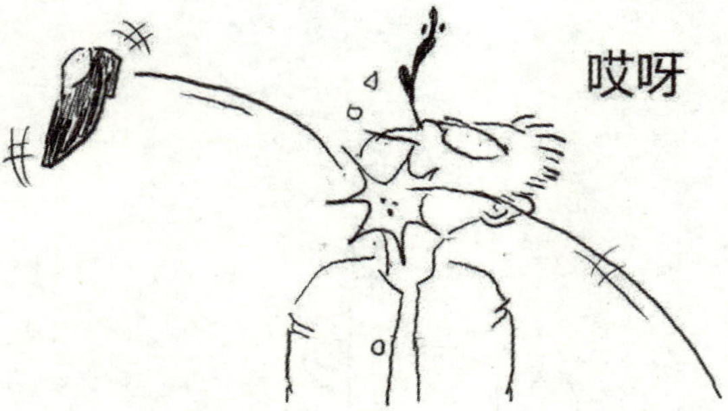

那我们就来说说 M1 和 M2 吧。

M0、M1、M2、M3 都是用来反映货币供应量的重要指标。

各国对 M0、M1、M2、M3 的定义各有不同，但均是根据流动性大小来划分的，M0 的流动性最强，M1 次之，以此类推。

我们重点说说我国 M0、M1、M2 的含义，为了便于理解，对各层次货币范围会选取要点，而不详述和细分。

M0= 流通中现金，与消费变动密切相关，是最活跃的货币。

M1（狭义货币）=M0+ 企业活期存款 + 个人持有的信用卡类存款 + 农村存款。

其中，农村存款主要是指农村信用合作社、农村乡镇企业和农村集体单位的存款，是可以随时支付的。

是的，M1 反映居民和企业资金松紧变化，是经济周期波动的先行指标 。

M2（广义货币）=M1+ 企业定期存款 + 城乡居民储蓄存款。通常所说的货币供应量就是指 M2。M2 与 M1 的差额是准货币。

M2 - M1=

准货币（企业定期存款+城乡居民储蓄存款+其他）

那是因为，我国是按照是否反映现实购买力来区分 M1 和 M2 的。

M1 主要反映经济中的现实购买力，而 M2 既反映现实的购买力，又反映潜在的购买力。

中国是储蓄率很高的国家，大部分居民存款的目的不是消费，也不是现实购买，而是做保值升值的需要，居民储蓄倾向高，而消费倾向低。

我们都曾经遇到……

因此虽然居民的活期存款有较强的流动性，但由于存款的目的多在于储蓄及投资，故将居民活期存款计入 M2，而不是 M1。

因为企业活期存款基本上是周转生产使用，是现实的购买力，
所以将企业的活期存款与居民的活期存款区别对待。

当然，任何事情都不会一成不变，
M1 和 M2 的划分也是如此，会随着市场环境的变化而变化。

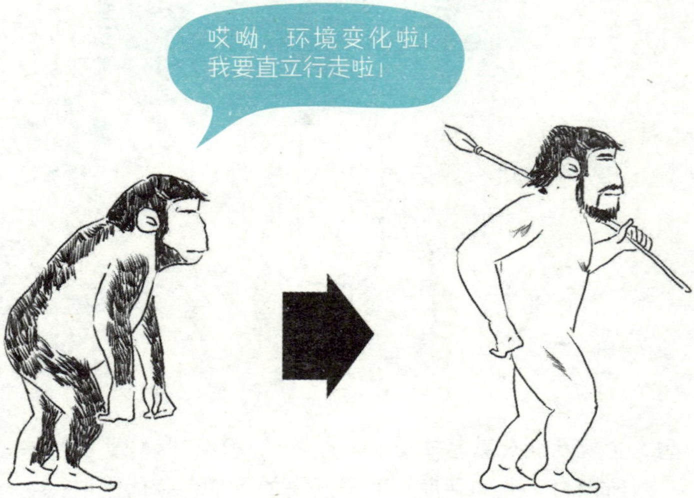

综上所述，M1 代表流动性强的资产，你想买买买随时可以买买买，
M2 包含居民储蓄和企业定期存款，不是随时可以提取出来，
主要代表的是未来潜在的购买力。

如果 M1 增长速度过快，就有可能导致商品和劳务市场的价格上涨。

因而，若 M1 增速较快，则消费和终端市场活跃；若 M2 增速较快，除去 M1 的因素，则表明储蓄理财投资和中间市场活跃。央行和各商业银行可以据此判定货币政策。

两者比较来看，当 M1 过高 M2 过低时，则说明企业活期存款多，投资意愿强，经济扩张较快。

此时企业也愿意以更高的成本融资，储蓄存款之外的其他类型资产收益较高，这样人们会把储蓄存款提出进行投资或购买股票，大量的资金表现为可随时支付的形式，使商品和劳务市场普遍受到价格上涨的压力。

当 M2 过高 M1 过低时，则说明实体经济中有利可图的投资机会在减少，钱不愿意进入实体循环中，都堆积在金融体系内，活期存款大量转变为较高利息的定期存款，货币构成中流动性较强的部分转变为流动性较弱的部分，继而影响实业投资和经济增长。

现在应该对 M1 和 M2 有了初步认识了吧？

业界有一种说法，M2 增速 =GDP 增长率 + 通货膨胀 +（0%~3%），是 M2 增速的合理范围，但我不这么认为，毕竟 M2 和 GDP 的增长基数不同，只是阶段性有效。

好了，就说到这里。

一句话名词解释

M0：流通中的现金，与消费变动密切相关，是最活跃的货币。

M1：狭义货币，表示 M0+ 企业活期存款 + 个人持有的信用卡类存款 + 农村存款，主要反映经济中的现实购买力。

M2：广义货币，表示 M1+ 企业定期存款 + 城乡居民储蓄存款，通常所说的货币供应量就是指 M2，既反映现实的购买力，又反映潜在的购买力。

5. 社会融资规模和 M2

不管考不考，
我们今天就来说说
社会融资规模和广义货币 M2 的关系。

两者通常被看作一个硬币的两面，

从不同方面反映了货币政策传导的过程

好的，为了说清楚，
我们先来看个栗子。

老王有个存钱罐，
妈妈给的压岁钱，他都会放到存钱罐中。

你不要在乎这些细节。

为了赚取利息，
老王会把存钱罐里的钱借给老张做生意。

现在问题来了，
我们想知道老张做生意借用了多少钱，
我们该怎么统计呢？

既然老张不肯说，那么我们只能……

哦，不是，不是，你快把老张放了。
从老张那边统计比较困难，那么我们就问老王呗。

老王啊，你借给老张多少钱啊？

哇，老王好厉害，
那老妈给了你多少压岁钱？

好了，我们知道老王有 2 万元。

你不要在乎这些细节。

根据老王的个性，

所以我们猜测老张做生意大概借用了 2 万元，
这个猜测，应该八九不离十了吧？

对的，存起来只能贬值，借给老张有收益，多好。

老王压岁钱越多，老张借到的也会越多，
老王压岁钱越少，老张借到的也会越少，
所以两者有一定的正相关关系。

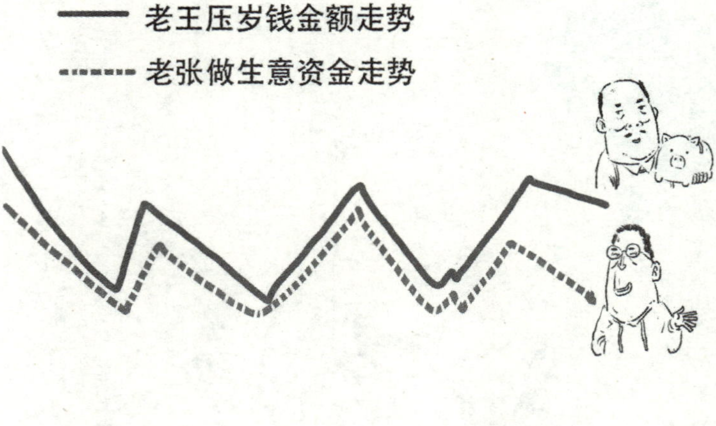

利用这个理论，
我们要估计实体经济到底融资多少钱，
该怎么算呢？

对头，这个感觉就像——

金融机构有多少钱呢?
我们就要找到供给货币的水龙头,
现成就有一个指标——M2,
M2 表示广义货币,简单地说,就是银行等金融机构向社会提供了多少钱。

上一节我们说过,M2=M1+ 企业定期存款 + 城乡居民储蓄存款

事实证明 M2 确实能反映出实体经济融资规模变化。

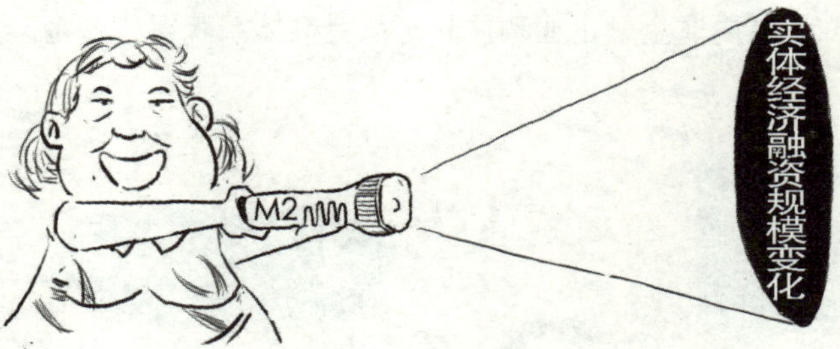

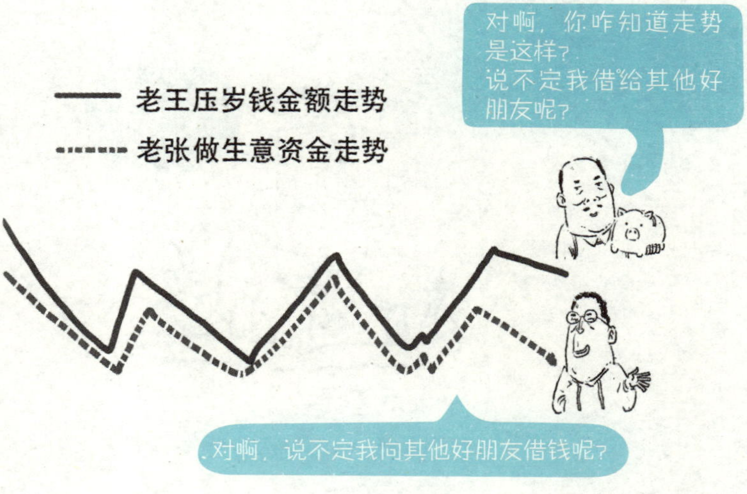

好吧，那我们就证明一下，
有个指标叫作“社会融资规模”，简称“社融”，是统计实体经济（境内非金融企业和住户）从金融体系获得的资金。

该指标是为了更精确统计实体经济融资规模。

社会融资规模统计涵盖四个部分：

1. 人民币和外币各项贷款，这些都属于金融机构表内业务

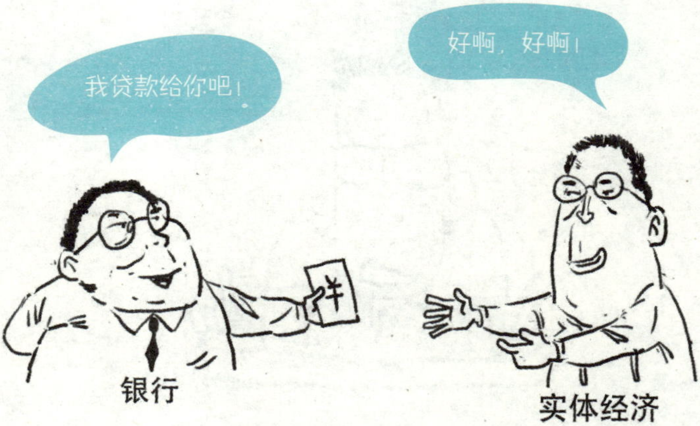

但金融机构之间相互贷款的不计入社会融资规模。

这一点很重要，我们之后还会谈到。

2. 委托贷款

信托贷款和未贴现的银行承兑汇票，
这些都属于金融机构表外业务。

3. 非金融企业境内股票和企业债券，这些属于直接融资

4. 其他融资，如小额贷款公司贷款、投资性房地产等

将以上四个部分汇总，就得出社会融资规模。

从历史数据看，
M2 和社会融资规模指标被证明是高度相关的，

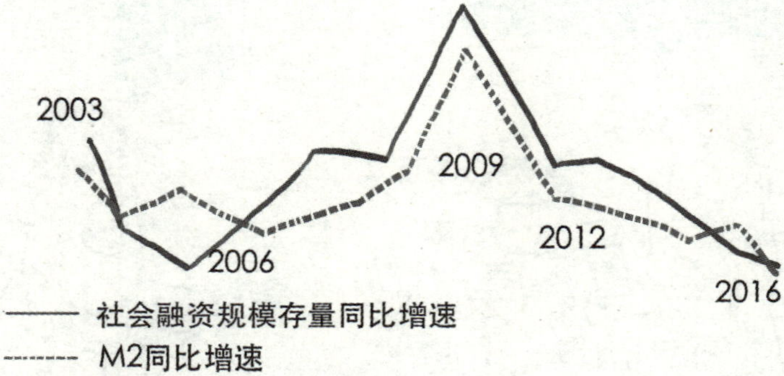

二者的变化趋势基本相同，
甚至有个别年份完全相同。

但是，也会……

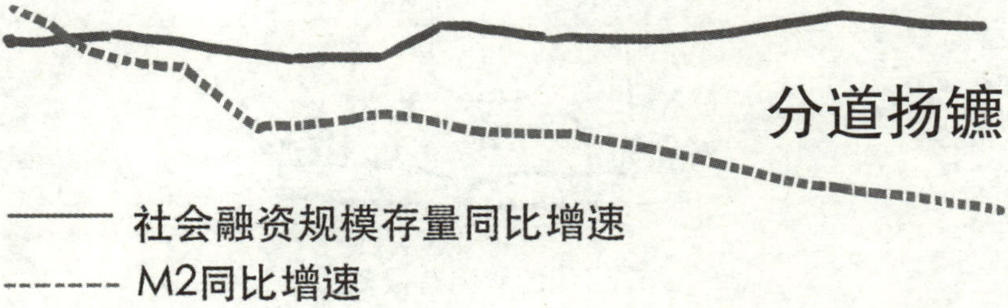

这个可能的原因有很多。

我们先来看看社会融资规模与 M2 的不同之处吧！
1. 社会融资规模统计的是整个金融机构，
而 M2 仅从存款性公司进行统计。

这里有个概念叫存款性公司。比如央行、商业银行、政策性银行、财务公司、信用社等都属于存款性公司。

我们知道，M2 作为广义货币，包括流通中的现金。

流通中的现金就是央行印制的纸币，
算作央行的负债。

M2 还包括企业的存款，个人的存款。

企业和个人存款都列入存款性公司的负债端。

所以存款性公司的负债端囊括了 M2，
M2 成为存款性公司负债端最主要的构成部分，
其在存款性公司总负债中的占比甚至超过了 80%。

因此，相较于社会融资规模统计整个金融机构，M2 统计的机构范围更小。

2. 社会融资规模涵盖的资产范围包括金融机构的贷款等表内业务，
金融机构的表外业务及金融市场的债券、股票融资等。
而与 M2 对应的资产端主要是存款性公司的贷款。

基于以上不同点，
M2 虽然和社会融资规模正相关，
但还是有差别的，比如在 2017 年的时候两者的差距扩大了。

为了更好地理解两者差距扩大的原因，我们对 M2 再做个深入的研究。

通过金融机构信贷收支表，
我们可以知道金融机构资金来源和资金运用项目分别如下：

金融机构信贷收支表

资金来源=流通中的现金+企业和个人各项存款
+财政存款+金融债券+对国际金融机构的负债+其他

资金运用=各项贷款+有价证券（含股权和其他投资）
+黄金占款+在国际金融机构资产+外汇占款

根据
公式 1：资金来源 = 资金运用
公式 2：M2= 流通中的现金 + 企业存款 + 居民储蓄存款，
我们来消除一下同类项：

金融机构信贷收支表

资金来源：流通中的现金+企业和个人各项存款 M2
+财政存款+金融债券+对国际金融机构的负债+其他
||
资金运用：各项贷款+有价证券（含股权和其他投资）
+黄金占款+在国际金融机构资产+外汇占款

因此可以得到
公式 3：M2= 各项贷款 + 外汇占款 – 财政存款。

哦，那么我们改成这样，

公式 4：M2= 各项贷款 + 外汇占款 - 财政存款 + 误差项，

这样总可以了吧？

我们主要是用来分析问题的啦！

通过公式 4 我们可以得出，

M2 的大小主要取决于以下三方面：

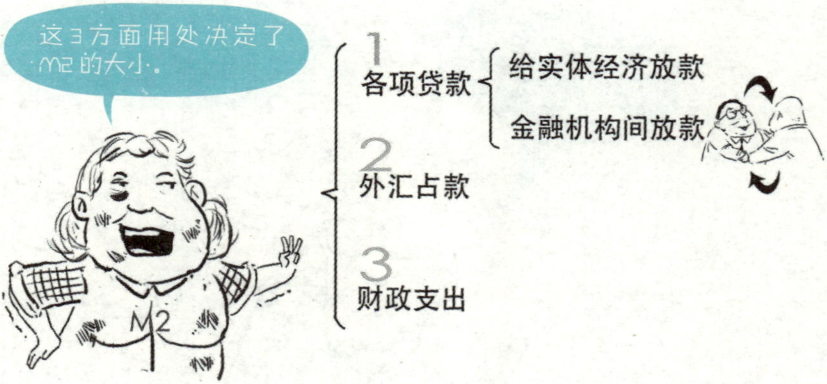

我们注意到，这里的各项贷款既包括给实体经济放贷，
也包括金融机构间放款。

所以金融机构间的放款是 M2 组成的来源之一。

特别是 2016 年，银行把很多钱投向资管产品，
都属于金融机构间放款，派生了大量 M2。

但是 2017 年金融监管加强，银行开始去杠杆，减少给金融机构的贷款。

所以金融机构之间的贷款减少了，M2 自然就变少了。

我们上面提到过，社会融资规模本来就不含金融机构间贷款，
故银行去杠杆并没有影响社会融资规模。

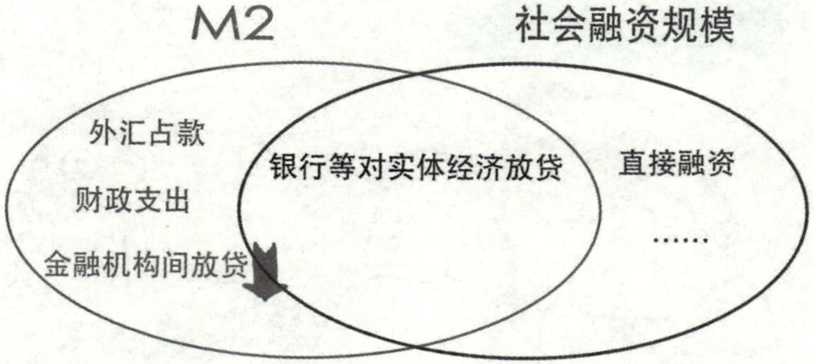
M2
社会融资规模
外汇占款
财政支出
金融机构间放贷
银行等对实体经济放贷
直接融资
……

咦，你怎么一点都没瘦？
资金空转本来就不纳入社融。
M2
社会融资规模

因而会出现下图的情况：

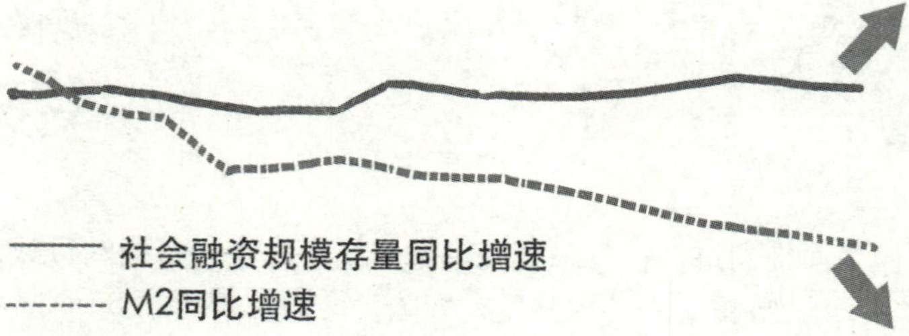
—— 社会融资规模存量同比增速
------- M2同比增速

现在懂了吗？
划出来！要考的！

不要开小差！
要向我学习，人丑就要多读书！

人丑……多……
读书?

教授，我突然发现，
我果然不是读书
的料。

一句话名词解释

社会融资规模：简称“社融”，是统计实体经济（境内非金融企业和住户）从金融体系获得的资金，包括人民币和外币各项贷款、委托贷款、非金融企业境内股票和企业债券以及其他融资。

存款性公司：包括银行、信用社、财务公司等。

6. SDR 不是山东人

这一节我们说的是 SDR。

嗯。

喂喂喂，是不是说岔了？？？

来来来，我们正经说说 SDR 吧。
我们首先来看一个跨物种的栗子。

很久很久以前，世界上有很多村落。
比如，在家禽村，经济很发达，用鸡毛作为本村的货币。

同时，在隔壁的狗狗村，使用的是骨头币。

有一天，家禽村和狗狗村进行商贸往来。

两国通用的货币大家各不认同，怎么办？
这时候来了个财主大秃鹫。

若我们把财主大秃鹫的 A 币看作美元，那么
以上就是简单模拟了 1944 年布雷顿森林体系的建立过程。

该体系的建立使美元成了黄金的等价物，其在国际货币体系中
处于中心地位，成为“国际储备货币”。

不要急啊。总要交代背景吧？

刚开始家禽村和狗狗村通过 A 币进行贸易活动，一切正常。
但随着世界贸易的发展，对 A 币的需求越来越大，A 币的发行也越来越多。
突然有一天，鸡鸡和狗狗聊天。

秃鹫就是再土豪，也没这么多黄金来兑换啊。
但不要担心，大财主都有绝招！

耍赖啊。

1971 年 7 月第七次美元危机爆发，尼克松政府于 8 月 15 日宣布实行“新经济政策”，停止履行外国政府或央行可用美元向美国兑换黄金的义务。

布雷顿森林体系，
卒，
享年 28 岁。

美元虽然还是重要国际货币，但已失去昔日绝对霸主地位。

当然会啊！

其实，国际货币基金组织（IMF）在布雷顿森林体系崩溃前，就已经认识到了这一点。

1967 年夏，IMF 起草了“国际货币基金组织特别提款权大纲”，1969 年一种新型国际储备资产——SDR 正式创立。

SDR 即特别提款权，是指在一定条件下持有者可用它提取 IMF（国际货币基金组织）指定成员国的可自由使用货币。

SDR 作为 IMF 创设的一种补充性储备资产，
目的是增加国际流通手段，增强全球金融稳定性。

我们来看个场景。

SDR 就类似这个提货券，相当于潜在求偿权。

SDR 确保成员国发生系统性危机时，能够获取外汇资金，给予市场信心，
减轻金融压力，以此来维护全球金融稳定。

SDR 的价值由一篮子货币决定。

这篮子货币共计五种，分别是

我们以 SDR 兑美元的汇率，来看一下 SDR 价值计算方法：

$$SDR/USD=\sum C_i*E_i$$

SDR/USD 表示单位 SDR 可以兑换的美元数量；
C_i 表示单位 SDR 所包含的第 i 种货币的数量；

E_i 表示第 i 种货币兑美元的汇率。

今天我们就不展开说了，只要知道 SDR 价值和一篮子货币的数量、汇率有关系即可。

那再说一丢丢，
货币数量和权重有关。

2015 年 11 月，人民币加入 SDR 货币篮子后，
IMF 定值审查五大货币的权重，数值如下：

该权重是根据货币发行国出口贸易、外汇储备、外汇交易、国际金融业务等因素来确定的。

不可否认，美元还是主要的通行货币。

获得 SDR 有普通分配和特殊分配两种方式。

根据 IMF《基金组织协定》，IMF 可以按成员国
在 IMF 缴纳份额比例向其分配 SDR，份额越大，分配的越多。

这是SDR普通分配。历史上IMF共计进行过三次普通分配，具体额度如下:

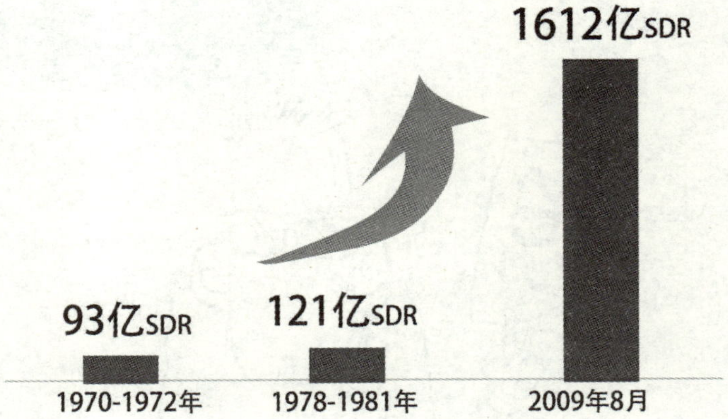

特殊分配被用于解决个别成员国因为后加入 IMF 而没有参加以前的 SDR 分配等问题。

2009 年 9 月进行了 SDR 特殊分配，规模为 215 亿 SDR。

参加国兑换可自由使用外汇，有两种方式。

1. 参加国向 IMF 申请，由 IMF 协调和安排其他参加国兑换可自由使用的外汇。

2. 参加国之间以协议方式，将 SDR 兑换成等值外汇，
包括不可自由使用的外汇。

SDR 功能包括储备资产、记账单位和支付手段等，我们不再一一详细说。

总之，人民币加入 SDR，是 IMF 首次将新兴经济体货币作为储备货币，代表人民币获得 IMF 的认可，地位得到提高。会员国将会通过 SDR 增持人民币资产，人民币将作为避险货币，增加国际上的灵活性，也促进国际化的进程。

这一节就说到这儿吧。

此时，在遥远的水泊梁山……

山东人武松

哦，

山东人拼音首字母刚好是 SDR，
所以 SDR 被戏称为山东人。

一句话名词解释

SDR：全称特别提款权，是指在一定条件下持有者可用它提取 IMF（国际货币基金组织）指定成员国的可自由使用货币；SDR 作为 IMF 创设的一种补充性储备资产，目的是增加国际流通手段，增强全球金融稳定性。

SDR 兑换可自由使用外汇方式：一是参加国向 IMF 申请，由 IMF 协调和安排其他参加国兑换可自由使用的外汇；二是参加国之间以协议方式，将 SDR 兑换成等值外汇，包括不可自由使用的外汇。

宏观指数篇

1. 基尼系数和恩格尔系数

大家知道比基尼吧?

哦，既然大家都知道，那么我们就不说了。

我们不说比基尼，我们来说说基尼系数。

基尼系数（Gini Coefficient）是判断收入分配公平程度的指标。

基尼系数是由基尼提出的。

意大利统计与社会学家

基尼（Corrado Gini）

基尼系数是根据洛伦兹曲线 (Lorenz curve) 来定义的。

首先，我们来看看如何画出洛伦兹曲线。
假设在一个正方形的房子里，有五个人，我们让他们
从最贫穷到最富有的顺序，从左至右排成一列。

我们让大家报告一下各自的收入。

然后我们以中间系领带的人员为例，

按照这种方法，我们可以记录所有人及其收入以下人员对应的累计收入情况。

把上面的点连起来就成为洛伦兹曲线。

我们在坐标轴中重现以上过程，横轴表示从穷到富的人口在总人口中的百分比，纵轴表示各个百分比人口所获得的收入的百分比。则画出洛伦兹曲线如下图：

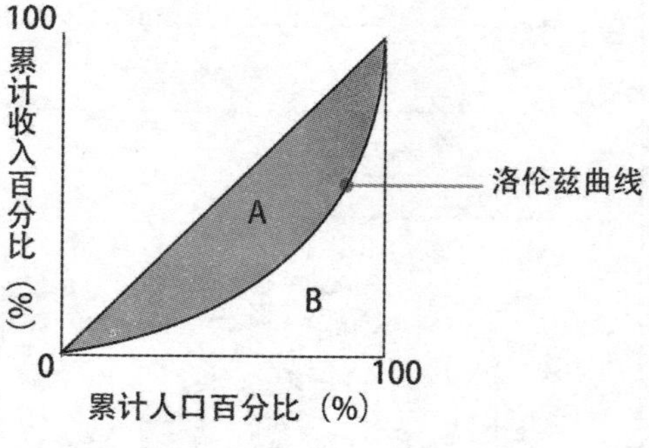

洛伦兹曲线有两种极端情况：

假设所有人收入都一样，洛伦兹曲线就是下图的绝对平均线（line of perfect equality）。

假设所有财富都集中在一人手中，那就是下图右端的竖轴，称为绝对不平均线（line of perfect inequality）。

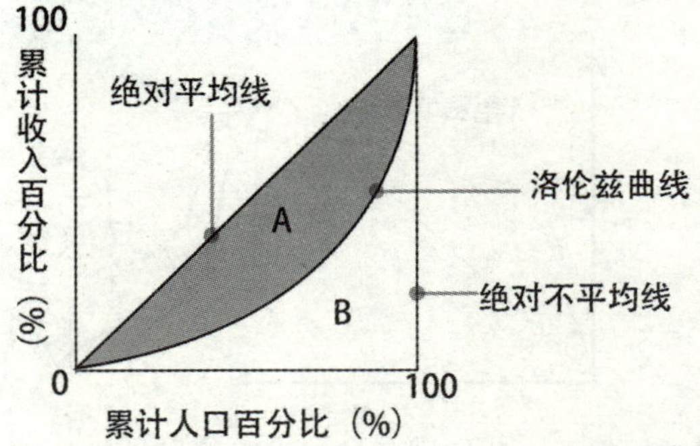

图中不同颜色的两块面积，A 和 B，
基尼系数就等于 A /(A+B)

在极端情况下，人人财富均等则基尼系数 =0；财富一人独占的情况下则基尼系数 =1。所以说基尼系数的范围是在 0–1 之间。

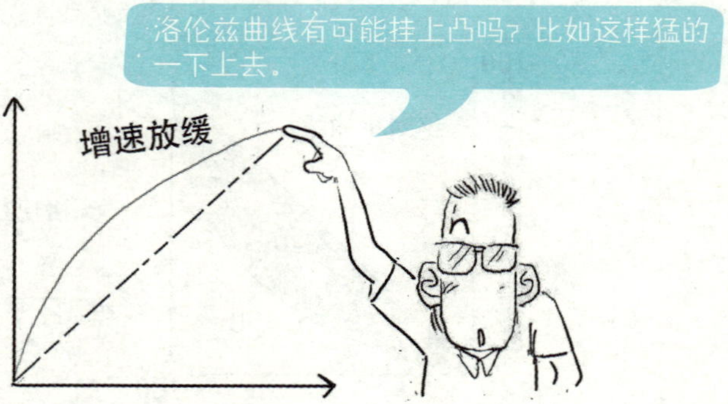

不可能，你想想看，我们刚开始就设定好横轴是从穷人到富人排列的，累计收入的百分比增速是加快的，所以不会出现你说的情况。

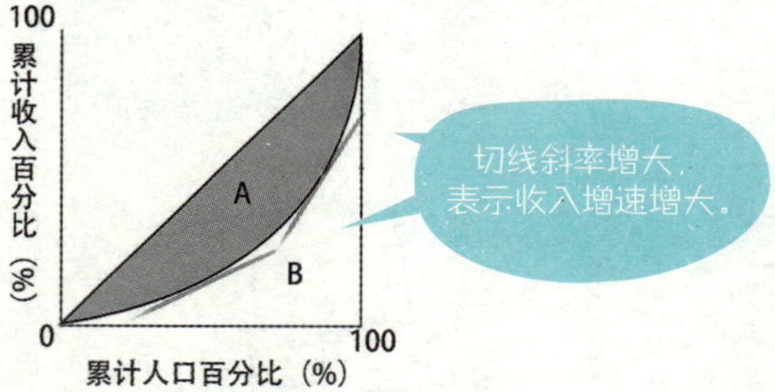

一般认为基尼系数的警戒值是 0.4，超过 0.4 易造成社会不稳定。统计局的数据显示，2016 年中国的基尼系数为 0.465。

0.4 的警戒值其实也没有强有力的理论和数据支持，不负责任地估计主要是考虑到黄金分割率。

嗯，0.382 约等于 0.4。设置警戒线主要是考虑贫富差距过大易引起民心动荡。

但实际情况更复杂，并不是简单的 0.4 就能把控的。
上面我国基尼系数是以全国范围作为衡量的，但是——

地区差异是不能忽视的事实。若我们按照各个城市来算收入差距，就会发现各城市内部基尼系数都很低，小于 0.4。

人们更多的是关心周边人的收入差距，比如——

故基尼系数在小范围内部测算可能更有效。

中国有句古话叫作“民不患寡而患不均”。基尼系数虽然大，若老百姓可通过自己的努力改善收入差距，这样基尼系数超过 0.4 也不会出现警戒的问题。

好了，上面就是基尼系数的含义，比较简单。
既然说到这儿，那我们再说一下另外一个系数。

大家都知道恩格斯吧？

哎呦，套路你懂了嘛。
嗯，我们不说恩格斯，我们说说恩格尔系数。

恩格尔系数 (Engel's Coefficient) 是居民家庭中食品支出总额占消费支出总额的比重，是衡量一个家庭或一个国家富裕程度的主要标准之一。

$$\frac{\text{吃饭支出}2000}{\text{共计支出}5000}=40\%$$

对的。

一个家庭收入越少，家庭收入用来购买食物支出所占的比例就越大，随着家庭收入增加，家庭收入中用来购买食物支出比例则会下降。

对国家而言，一个国家越穷，每个国民平均支出中用来购买食物的费用所占比例就越大。

按照惯例，恩格尔系数达 59% 以上为贫困，50%–59% 为温饱，40%–50% 为小康，30%–40% 为富裕，低于 30% 为最富裕。中国 2015 年恩格尔系数为 30.6%。

恩格尔系数是作为衡量消费结构的指标，不是测算贫富程度的唯一标准，要结合多种指标来看，所以用消费支出作为分母。

这个……当然会，但恩格尔系数其实是一个反映长期趋势的过程。
我们可以通过长期观测恩格尔系数的变化，来判断居民生活水平是否提高。

毕竟，吃货再怎么吃也是有上限的，且吃货属于少数。
在一个长周期中，其在食物中的支出还是相对稳定的。

好吧，好吧，你说的对，吃货的心思没法猜。

我们最后总结一下。

基尼系数不是比基尼，是用来衡量收入分配公平程度的。
恩格尔系数不是恩格斯，是用来衡量国家或者家庭富裕程度的。

一句话名词解释

洛伦兹曲线：在一个国家或地区内，以“最贫穷的人口计算起一直到最富有人口”的人口百分比，对应各个人口百分比的收入百分比的点组成的曲线。

基尼系数：用以衡量一个国家或地区居民收入差距的常用指标，基尼系数最大为“1”，最小等于“0”，该系数越大，则贫富差距越大。

恩格尔系数：是居民家庭中食品支出总额占消费支出总额的比重，是衡量一个家庭或一个国家富裕程度的主要标准之一，一般来说，该系数越小，则该国家越富裕。

2. SLF 酸辣粉、MLF 麻辣粉和 SLO 酸辣藕

今天我们来说说 SLF 和 MLF。

What？

酸辣粉=SLF　　麻辣粉=MLF

酸辣粉多是圆粉，辣味浮在上方，醋的酸也比较生硬。
麻辣粉的粉丝吃起来软一点，多属宽扁型，辣的味道相对自然。

说好了？

嗯，我分析的透不透彻？我喜欢我们这档美食节目！！三折，要不要来一碗？

我们今天说的此 SLF 非彼酸辣粉，此 MLF 非彼麻辣粉。

SLF 全称常设借贷便利（Standing Lending Facility），是央行在 2013 年创设的流动性调节工具，为满足金融机构期限较长的大额流动性需求。

嗯，降准是指降低法定存款准备金，降息是指降低银行存贷利息。
这两种方式都可以向市场释放基础货币。

但降准、降息释放流动性也有一定的副作用，
一旦释放则无法对流动性进行有效控制，
这就像，

而 SLF 则可以根据市场情况收紧流动性。

SLF 发放对象主要为政策性银行和全国性商业银行。
发放过程如下：

SLF 合格担保品有国债、央行票据、国家开发银行及政策性金融债、高等级公司信用债等债券资产，央行会有一定的抵押率来控制风险，期限一般为 1~3 个月。

MLF 全称中期借贷便利 (Medium-term Lending Facility)，于 2014 年 9 月由中国人民银行创设，发放对象与 SLF 一致，与 SLF 最大的区别就是期限长点。

MLF 期限为 3 个月、6 个月或 1 年，临近到期可重新约定利率并展期，合格担保品也主要为国债、央行票据、政策性金融债、高等级信用债等优质债券。

央行通过 MLF 释放流动性，是希望推动贷款回升，并对“三农”和小微贷款有所倾斜，刺激经济增长。

哦，好嘞，那么来碗酸辣藕 SLO？

SLO=Short-term Liquidity Operations

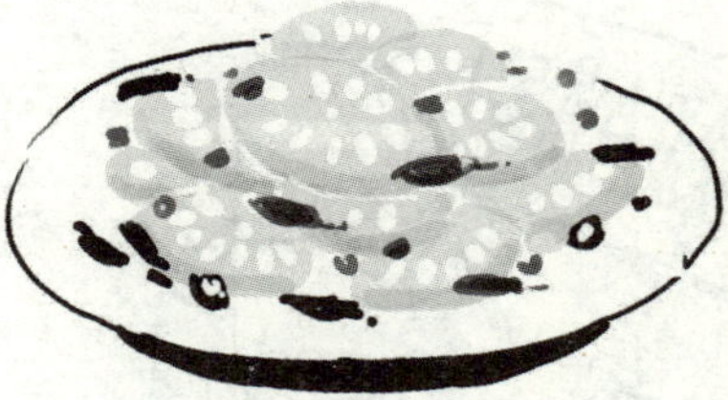

SLO 即公开市场短期流动性调节工具，
属于超短期的逆回购。

央行向市场释放流动性一般有两种方式：一种是“买卖”，
另一种是“借贷”，上面说的“酸辣粉”和“麻辣粉”
就是通过“借贷”，回购则属于“买卖”。

每周二、周四，央行一般都会进行公开市场操作，
目前最主要的是回购操作。
回购操作分为正回购和逆回购。

央行正回购如下：

正回购即央行向一级交易商卖出有价证券，并约定在未来特定日期买回有价证券的交易行为。正回购为央行从市场收回流动性的操作。

央行逆回购如下：

逆回购即央行向一级交易商购买有价证券，并约定在未来特定日期将有价证券卖给一级交易商的交易行为，逆回购为央行向市场上释放流动性的操作。

正回购是央行把钱从银行那里抽走，逆回购则是央行主动借钱给银行。

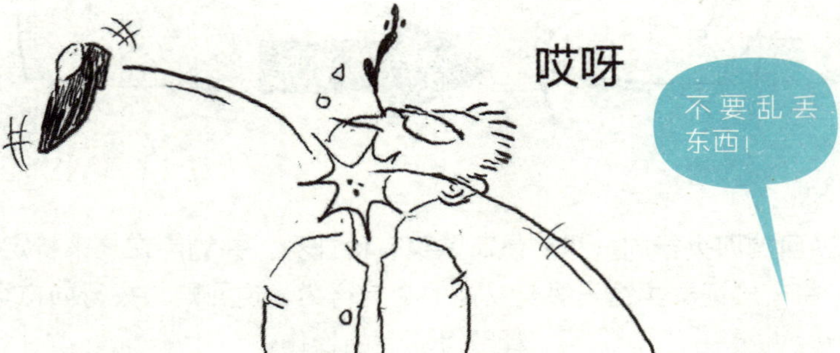

SLO 为超短期的逆回购，以 7 天期以内短期回购为主，遇节假日可适当延长操作期限，采用市场化利率招标方式开展操作。

好了，菜都上齐了，客官有什么不满意的吗？

酸辣粉 SLF：常备借贷便利，以抵质押方式放款，期限 1~3 个月为主；
麻辣粉 MLF：中期借贷便利，以抵质押方式放款，定向投放，
期限 3 个月、6 个月或 12 个月，可展期；
酸辣藕 SLO：短期流动性调节工具，央行相机操作，
期限 7 天以内回购为主。

咦，客官，人呢？客官你还没埋单呢？

一句话名词解释

SLF：全称常设借贷便利（Standing Lending Facility），是央行在 2013 年创设的流动性调节工具，主要为满足金融机构大额流动性需求，发放对象主要为政策性银行和全国性商业银行。

MLF：全称中期借贷便利 (Medium-term Lending Facility)，于 2014 年 9 月由中国人民银行创设的流动性调节工具，与 SLF 最大的区别就是期限更长点。

SLO：公开市场短期流动性调节工具，属于超短期的逆回购。

3. PMI，玩命就为 50 分

今天我们说说 PMI 好不好?

但我觉得我们还是有必要说说 PMI，
那我们首先从基础概念说起。

重新问是吧？好的。

今天我们说说 PMI 好不好？

哦，那我们首先从基础概念说起。

PMI 英文全称为 Purchasing Managers' Index，中文含义为采购经理指数，是用于衡量经济运行情况的评价指标。

预备，开始！！

PMI 相较于 GDP 数据，
确实具有快速简便的特点。

PMI 每月发布一次，在时间上大大早于 GDP 等指标，
故在经济预测和商业分析上具有重要作用。

这个就要从 PMI 的计算方法说起。

PMI 的指标制定是采用问卷调查的形式，
且问题还不是定量的问题！
是选择题！
而且还都是单项选择题！

问卷调查是针对采购经理，主要有十一个问题。

其中，针对 PMI 指数的是五个，分别是产品订货、生产量、生产经营人员、供应商配送时间、主要原材料库存数量。

对于每个问题，答题者只要在“增加”、“减少”、“不变”中选择一个答案即可。

收集完问卷，汇总出所有答案的百分比，我们就要来算五个指标的扩散指数。

为了理解扩散指数，我们做个游戏，

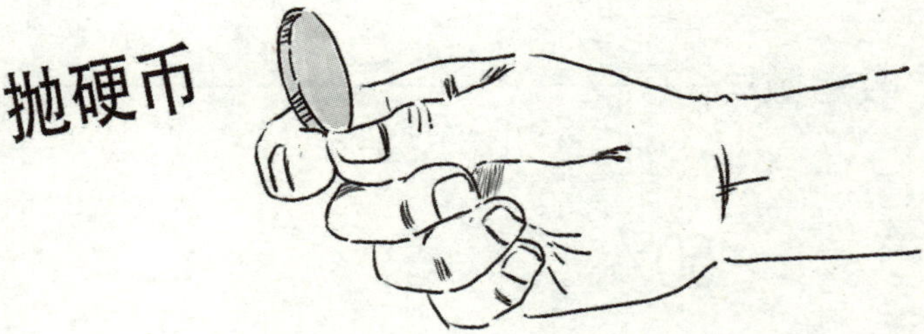

抛硬币有三种结果，分别是

抛出来的不同结果
得到不同的分数，

抛到正面
得1分

抛到反面
得0分

抛到中立
得0.5分

假设我们抛了五次，
两次抛到正面，两次抛到反面，一次硬币立住了，
那么我们算一下这五次的平均值：

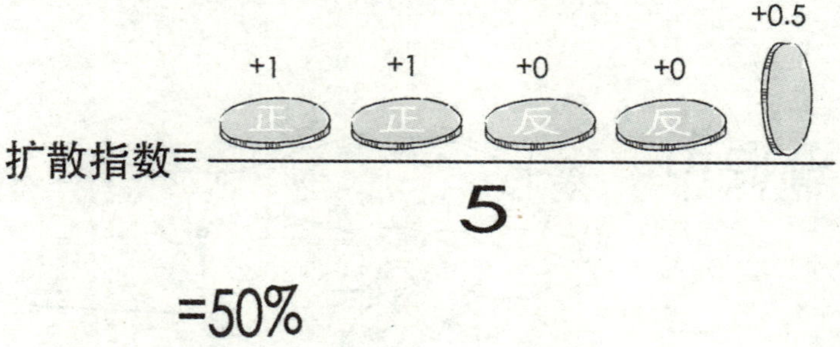

这样算出来的结果就相当于扩散指数。

扩散指数的标准公式如下：

扩散指数 = “增加”选项的百分比 ×1+ “减少”选项的百分比 ×0+ “持平”选项的百分比 ×0.5。

我们以生产量指标为例，算一下它的扩散指数：

同理，我们可以计算出涉及 PMI 的五个扩散指数，

然后代入以下加权公式，即可得到 PMI 指标：

PMI= 产品订货扩散指数 ×30%+ 生产量扩散指数 ×25%+
生产经营人员扩散指数 ×20%+ 供应商配送时间扩散指数 ×15%+
主要原材料库存扩散指数 ×10%

以上权重是根据对经济影响的先行程度，得出的国际通行公式。

采用此方式，确保 PMI 数据简单、易行、高效，能在最短时间内预测经济走势，因而 PMI 被作为判断经济景气的先行指标。

与上月相比较，
当 PMI 大于 50% 时，说明经济在发展和扩张，
当 PMI 小于 50% 时，说明经济在衰退和萧条。

你回头看一下刚才的两个公式，
极端情况下，若 100% 的问卷都回答“持平”，即经济较上月没变化，
此时可解得 PMI 值刚好是 50%。

PMI=50% 就被视为经济发展的荣枯线。

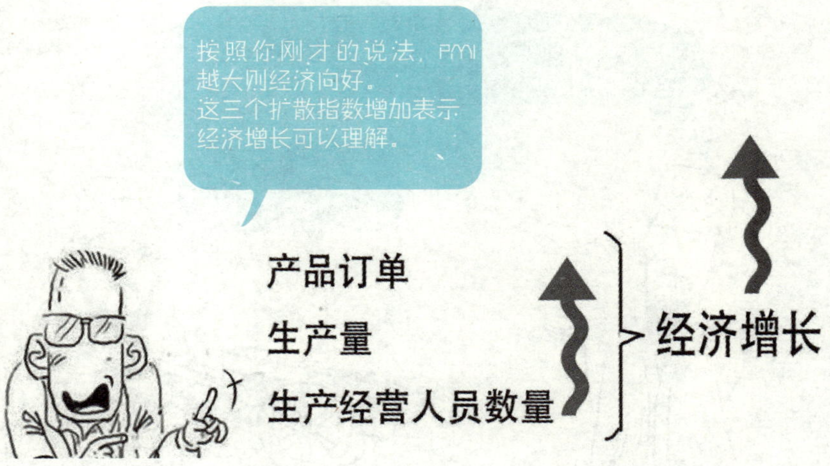

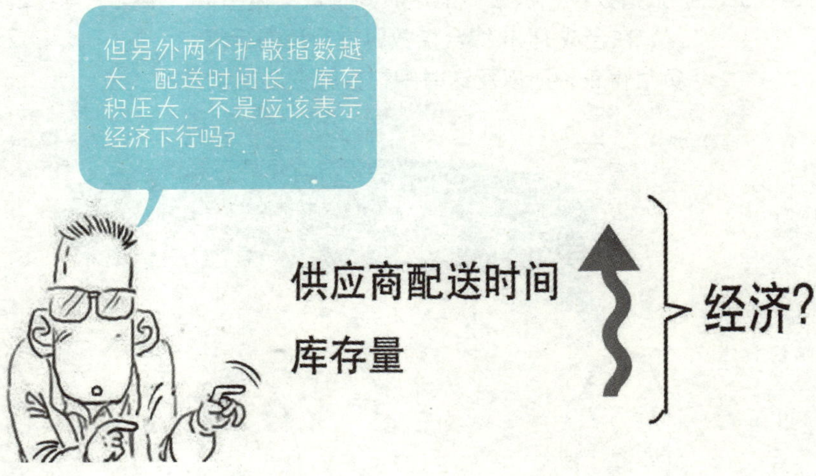

哦？不错的问题，

供应商配送时间值越大，交货时间越慢，确实表明经济越不活跃。

但在五个扩张指数中，供应商配送时间指数为逆指数，相当于负数，
在合成 PMI 综合指数时进行反向运算。
负负得正，所以配送时间指数就变成越大越好。

对于库存量，我们说的是原材料库存而不是产成品库存。

企业补充原材料库存趋于增加，说明企业要加快生产，这个指标越大，自然表明未来经济保持平稳增长的概率越大喽！

嗯哼，好了，
这一节就说到这儿吧！

一句话名词解释

PMI：英文全称为 Purchasing Managers' Index，中文含义为采购经理指数，是用于衡量经济运行情况的评价指标；PMI 的 5 个指数分别是产品订货、生产量、生产经营人员、供应商配送时间、主要原材料库存数量。

PMI 荣枯线：PMI=50% 为经济发展的荣枯线；当 PMI 大于 50% 时，说明经济在发展和扩张；当 PMI 小于 50% 时，说明经济在衰退和萧条。

4. 久期，不是九七

三折，不是和你吹牛，想当年，我专业课成绩全校第一啊！

你随便拿一本专业书，里面的专有名词我张口就给你解释得那叫一个~清清~楚楚~
给
金融学

来，我们一起回顾一下久期的概念吧。

久期（duration）的概念最早是麦考利 (F.R.Macaulay) 在 1938 年提出来的，所以又称麦考利久期 (Macaulay duration)。

接着说正事。

简单地说，久期是对债券平均有效期的测度，

用于衡量债券利率敏感度的指标。

概念比较晦涩，老规矩，我们还是——

举个栗子

假设你养了一只母鸡。

够迅速啊 ~

你每天给母鸡喂米，
而母鸡生鸡蛋给你吃，约定一周生 3 个蛋。

如果：

母鸡第一天生了个蛋，你煮荷包蛋吃了。

母鸡第二天又生了个蛋，你烧茶叶蛋吃了。

母鸡第三天、第四天没生蛋，

第五天终于再次生了个蛋，你做番茄炒蛋吃了。

不多！
不要打岔，注意听题！
问：母鸡生蛋给你吃的有效时间是多久？

你再想想看，这个指标有问题不?

假设我们换一种情况，母鸡第 1~4 天都没生蛋，第五天生 3 个蛋。

按照你刚才的算法，这种情况下，母鸡生蛋的有效时间是不是也是5天?

但在第一种情况下，你在第一天和第二天就吃到了鸡蛋，
而第二种情况你必须等到第五天。

所以我们创造一个指标，叫作“生蛋久期”。

t 为每次生蛋的期限，则生蛋久期 $D=t_1+t_2+\cdots\cdots t_n=\sum t$。
在第一种情况下，
生蛋久期 D=1 天 +2 天 +5 天 =8 天。

在第二种情况下，

生蛋久期 D=5 天 +5 天 +5 天 =15 天。

15 天 >8 天，所以第一种情况给你带来的效用会高一些。

D=还本息时间t_1+还本息时间t_2+……+还本息时间t_n

哦，有点近似了，

但还有一个要素没有考虑到。

母鸡生的蛋是有大小的，带给你的效用是不一样的。

我们必须加入权重 w_t，
以此考虑蛋的重量大小问题。

母鸡业绩单

第一天生的蛋重量为a

第二天生的蛋重量为b

第五天生的蛋重量为c

所以,

第一天蛋的重量权重为 a/(a+b+c);

第二天蛋的重量权重为 b/(a+b+c);

第五天蛋的重量权重为 c/(a+b+c)。

生蛋久期 $D=\sum (t\times W_t)$ ①

$=1\times [a/(a+b+c)]+2\times [b/(a+b+c)]+5\times [c/(a+b+c)]$

我们将生蛋过程想象为债券产生现金流量(Cash Flow,简称 CF)过程:

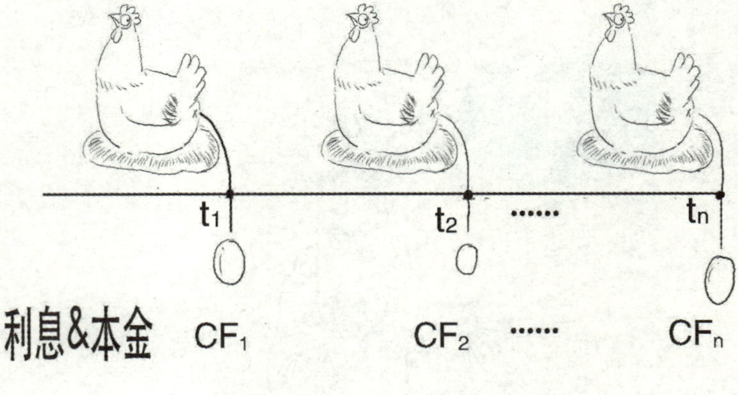

① Σ读音西格玛,是数学中求多项数之和的符号,$\sum_{i=1}^{n} x_i = x_1 + x_2 + x_3 + \cdots\cdots + x_n$ 。

假设一张 T 年期债券，
t 时刻的现金流为 CF_t（$1 \leqslant t \leqslant T$），
债券价格 $P=\sum CF_t$，

则债券麦考利久期 $D=\sum(t\times W_t)=t_1\times CF_1/\sum CF_t+t_2\times CF_2/\sum CF_t+\cdots+t_n\times CF_n/\sum CF_t=\sum(t\times CF_t/\sum CF_t)$

哦，但还有一个要素没有考虑到。

Sorry。我们说过货币是有时间价值的，在算 CF 现金流量的时候，我们还需要考虑收益率 r。

因而，麦考利久期完整公式如下：

考虑货币时间价值，r即为贴现率。

$$\text{麦考利久期}D=\sum t\frac{CF_t/(1+r)^t}{\sum CF_t/(1+r)^t}$$

一般来说，久期和债券的收益率成反比。在其他条件不变的情况下，债券收益率越高，久期越短；债券收益率越低，久期越长。

你可以这样理解，收益率高，那么回款的速度快，久期自然就小啦。
反之亦然，所以两者成反比。

债券的久期 D 越大，利率的变化对该债券价格 P 的影响也越大，
因此风险也越大。
D 和 P 关系有如下公式：

$$\frac{\Delta P}{P} \approx -D \times \frac{\Delta r}{1+r}$$

其中债券价格$P=\sum \frac{CF_t}{(1+r)^t}$

对债券价格 P 以 r 一阶求导即可得到该公式。
我们就不展开说了。

一句话名词解释

久期：英文名称 duration，可以简单地理解为债券各期现金流支付所需时间的加权平均值，用于衡量债券利率敏感度的指标。

久期和收益率的关系：久期和债券的收益率成反比，债券收益率越高，久期越短；债券收益率越低，久期越长。

5. 穿透原则

了解穿透原则不?

那么给大家解释一下。

假设我和隔壁老王之间有一堵墙。
然后，央行希望看到老王到底长啥样？
于是……

哦，哦，哦，
我……我就喜欢你这种残暴的解释……

因为有的金融产品存在通道、多重结构等问题，
不能一眼看透，所以穿透原则就是要

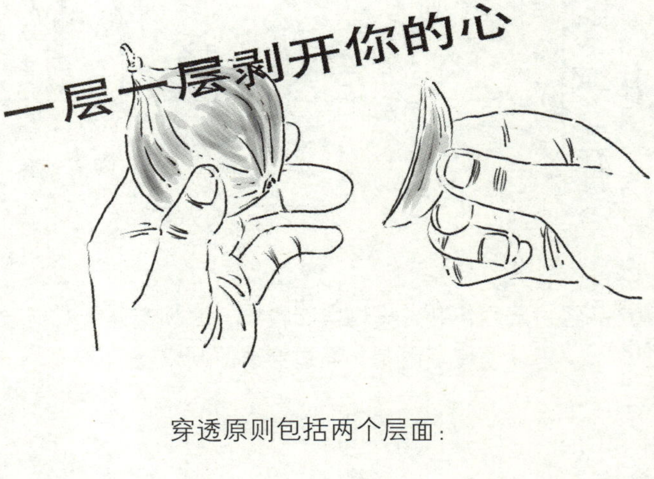

穿透原则包括两个层面：

1. 从资产端考虑，
即识别产品底层资产，最终投向应符合监管规定和合同约定，
将相关信息向投资者充分披露。

将金融产品经过层层包装，模糊实际投向，来规避监管对借款用途、借款领域等限制，通过穿透原则来看清。

两高一剩不是你们说的意思，是指高污染、高能耗的资源性行业以及产能过剩行业，主要包括钢铁、电解铝、平板玻璃和光伏等产业。

2. 从资金端考虑，

即识别合格投资者是否为最终风险承担者，防止风险承担和资产类别错配或防止私募产品变相突破人数限制。

所以，穿透包括两个方向：

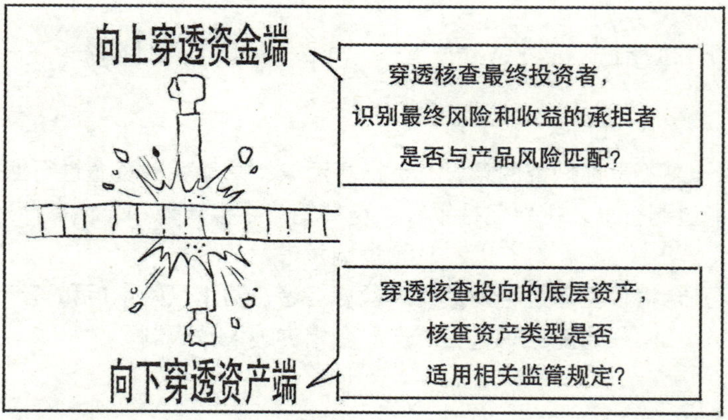

我们来看看监管实操中穿透核查的栗子。

众所周知，甄别公募与私募的重要标准之一是投资者（募集对象）人数，私募人数不能超过 200 人。

这怎么可能是拍脑袋想出来的？
美国对私募合格投资者人数并无限制；
我国通过人数限制，监管更易操作。

"200 人上限" 在我国《证券法》和《证券投资基金法》等法律和相关部门规章中都有规定。

我们来看一些具体金融领域穿透核查的要求。

1. 信托合格投资者穿透

《关于进一步加强信托公司风险监管工作的意见》（银监办发〔2016〕58 号）要求，各银监局要督促信托公司按“穿透”原则向上识别信托产品最终投资者。

补充说一下，目前银监会已经和保监会合并为银保监会。

2. 券商基金资管合格投资者穿透

《私募投资基金监督管理暂行办法》规定，以合伙企业、契约等非法人形式，通过汇集多数投资者的资金投资于私募基金的，应当穿透核查最终投资者是否为合格投资者。

以下三大类一般不被穿透核查：①社会保障基金、企业年金等养老基金，慈善基金等社会公益基金；②依法设立并在基金业协会备案的投资计划；③投资于所管理私募基金的私募基金管理人及其从业人员，被认为员工跟投。

3. 上市公司定增合格投资者穿透

上市公司定增，即使在基金业协会备案，仍然需要穿透识别合格投资者人数，最终合并计算是否超过 200 人。

根据 2015 年 3 月监管部门发布的“八条底线”，私募资产管理计划不得向非合格投资者销售，投资者人数累计也不能超过 200 人。

合格投资人

若同一资产管理人的多个同类型资产管理计划的投资标的完全相同，应合并计算投资者人数。

我们举个栗子，

假设某基金子公司决定投资某非上市公司股权，为了规避合格投资人限制，故设立了两个专项资管计划 A 和 B，投资人数分别为 100 人和 150 人。

A和B专项资管计划投向一致，均投向非上市公司股权。

根据“八条底线”相关规定，必须穿透核查，
A+B=250人>200人，构成违规。

虽然“八条底线”缺乏法律强制效力，但是违反该规定将可能受到行业自律管理处分，并引起监管机构注意，所以还是需要重视并遵守。

这一节就说到这儿吧。

一句话名词解释

穿透原则：识别金融产品多通道、多重结构，逐层打开，一直看到最底层的借款人或者投资人，包括向上穿透和向下穿透。

向上穿透：识别合格投资者是否为最终风险承担者，防止风险承担和资产类别错配或防止私募产品变相突破人数限制。

向下穿透：识别产品底层资产，最终投向应符合监管规定和合同约定，将相关信息向投资者充分披露。

金融业务篇

1. 表内和表外业务

我的意思就是想说说表内和表外业务啊。

从财务角度看，
银行业务可分为表内业务和表外业务。

当然，这里所说的表不是手表，而是资产负债表。

资产负债表是反映企业在某一特定日期全部资产、
负债和所有者权益情况的会计报表。

这里的特定日期是指月末、季末，或者年末等时点，不是一个时间段。

所谓时点，就像

零点的钟声就是一个时点。

由此可知，资产负债表是一个静态报表，是反映某个截止点的资产情况。

大概长这样：

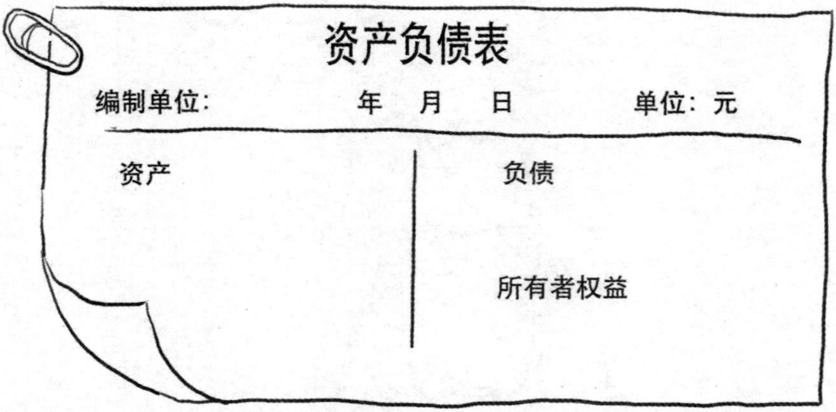

这里有个恒等式可以记一下，
就是资产 = 负债 + 所有者权益。

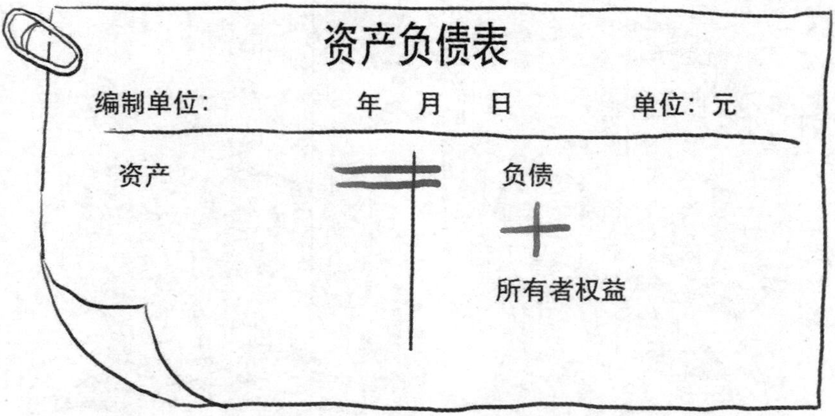

我们来看一个卖烧烤的栗子。

对，我就是卖烧烤的。我的资产是这些烤肉、烧烤炉和一部分现金，共计 30000 元。

而我这 30000 元资产来源是这样的——

这 10000 元即所有者权益。

那么这 30000 元资产 = 自己和股东的 10000 元 + 向大妈借来的 20000 元。

所以他们家的资产负债表长这样：

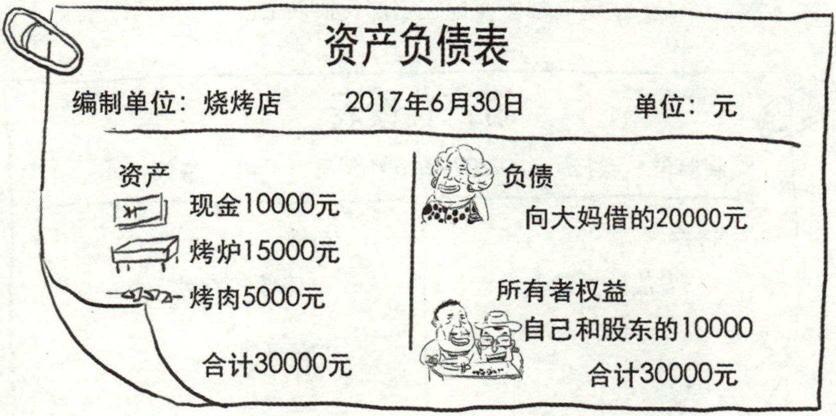

当然，实际编制的资产负债表会比这个复杂得多。

对头！

就我国银行来说，存贷业务是主要业务，他们就属于表内业务。

因为贷款是银行的债权，属于资产；
而客户的存款是银行向客户借的，属于负债；
两者都需要记在资产负债表上。

资产负债表

编制单位：银行　　2017年6月30日　　单位：元

资产	负债
发放的贷款	吸收的存款
	所有者权益

如“拍胸脯”的业务。

不是拍你的胸脯，是银行拍自己的胸脯啦!

（1）承诺类业务，是指商业银行在未来某一日期按照事先约定的条件向客户提供约定的信用业务，包括贷款承诺等。

（2）担保类业务，是指商业银行接受客户委托对第三方承担责任的业务，包括保函、跟单信用证、承兑汇票等。

此外，表外业务还包括

（3）金融资产服务类业务，是指商业银行接受客户委托，为客户提供资产管理和投融资服务，如财务顾问咨询、委托贷款等。

（4）金融衍生交易类业务，如远期、掉期、期权等。

这些表外业务的共同点就是银行不提供资金，未形成实际的资产和实际的负债，是或有资产和或有负债。

可以这么理解，表外业务具有一定的不确定性，不体现在资产负债表上。

是的，表外业务有一部分确实在一定时期可以转化成资产负债表上的内容，就从表外走到表内了。

此时，若买家不能按时兑付货款，银行作为担保机构就要代为支付，这样就减少了银行的资产，原来的表外“拍胸脯”业务，就转化到表内。

另外，表外业务收取的手续费都是要计入表内的，否则，会影响当期损益。

银行利用自身优势有钱赚，
监管相对宽松，
有一定灵活性，
原因还是蛮多的。

一句话名词解释

资产负债表：反映企业在某一特定日期全部资产、负债和所有者权益情况的会计报表。

承诺类业务：是指商业银行在未来某一日期按照事先约定的条件向客户提供约定的信用业务，包括贷款承诺等。

担保类业务：商业银行接受客户委托，由商业银行对第三方承担责任的业务，包括保函、跟单信用证、承兑汇票等。

金融资产服务类业务：商业银行接受客户委托，为客户提供资产管理和投融资服务，如财务顾问咨询、委托贷款等。

2. 啥是内保外贷

好吧，我有钱，我借给你们，马上汇。
爱你，么么哒！

两位少年！你们太年轻了吧？
人民币不是你想汇就能汇的。
资本项下外汇管制

那就用内保外贷呗!

瞎说啥，
内保外贷就是
境内银行为境内企业在境外投资的公司提供担保，
由境外银行给该家境外公司发放相应贷款。

简单地说，
“内保”即境内担保，“外贷”就是在境外贷款。

所以开场的流程应该改成这样：

哦，你不会向海外的银行贷点啊？
老大啊，没有银行肯贷给我们啊！
境外企业
境内企业
莫慌张，我马上办理个内保外贷。
爱你，么么哒！
境外企业
境内企业

境内银行一般会要求内保外贷业务的申请人提供全额或者部分保证金做质押。

办理内保外贷无须事前获得外汇局审批。
担保人为银行的，则直接向外汇局报送信息。

当然，担保人也可以是非银行的机构，则在签订合同后15个工作日内到外汇局办理签约登记，外汇局需做程序性审核。

这里所说的保函（Bank Guarantee），是境内银行向境外银行开立的，承担付款责任的一种担保凭证。

境内银行在向境外银行做担保时，除了采用保函，还可用备用信用证（Standby Letters of Credit）。

信用证是一种银行开立的有条件的承诺付款证书，一般在承兑后必然会发生对外付款。

但在内保外贷业务中，提供信用证只是一种担保行为，期间往往不发生资金跨境转移，只是备用，所以被称为备用信用证。

此时，境外银行会向境内银行提出索赔，境内银行需无条件付款。赔付过程形成境内资金的外流。

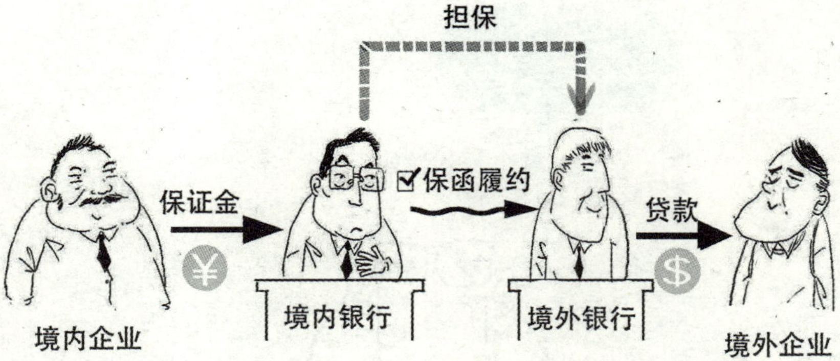

境内企业的保证金最终被用于银行对外支付赔款，
间接出境变成通过保函履约直接出境。

这当然是监管者不愿意看到的。

就相当于你出门乱开车又刚好碰到了交警。

发生实际赔付后，监管部门要求银行和境内企业到外汇局办理对外债权登记。

若银行未合规办理内保外贷业务或保函履约过多，则将被外汇局扣分甚至降级。

对于内保外贷的严重违规行为可处违法金额 30% 以下的罚款。

对保函恶意履约的行为，银行可被暂停业务资质。
在境外企业清偿境内担保人债务之前，境内企业也不得
再新增内保外贷业务。

嗯哼，我们最后再回顾一下
内保外贷业务的流程。

OK，
就说到这儿吧。

一句话名词解释

内保外贷：境内银行为境内企业在境外投资的公司提供担保，由境外银行给该家境外公司发放相应贷款。

保函：英文名称 Bank Guarantee，是境内银行向境外银行开立的，承担付款责任的一种担保凭证。

信用证：一种银行开立的有条件的承诺付款证书，一般在承兑后必然会发生对外付款。

3. 融资租赁那点事

那么来吧，
今天就说说连你亲妈都不一定能说清楚你在干啥的
租赁公司。

我们通常所说的租赁公司是指融资租赁公司。

一般租赁是这样，

但融资租赁就厉害了，

龙哥，借我个铁皮盔甲呗？
我没有……
龙哥，借我个增高战靴呗？
我没有……

啥意思？
融资租赁就是要
租啥没啥呗？
一无所有，你这就跟我走

这不是还没说完嘛，

你要的东西我有啊，但我
只售不租，就是这么傲娇。
我一次性拿不出
这么多钱啊！
SALE

所以融资租赁集“融资”和“融物”于一体啦！

按照《民法典》的规定，融资租赁合同是出租人根据承租人对出卖人、租赁物的选择，向出卖人购买租赁物，提供给承租人使用，承租人支付租金的合同。

以上的融资租赁形式被称为“直租”。

是的，还真有另一种形式，被称为……

售后回租

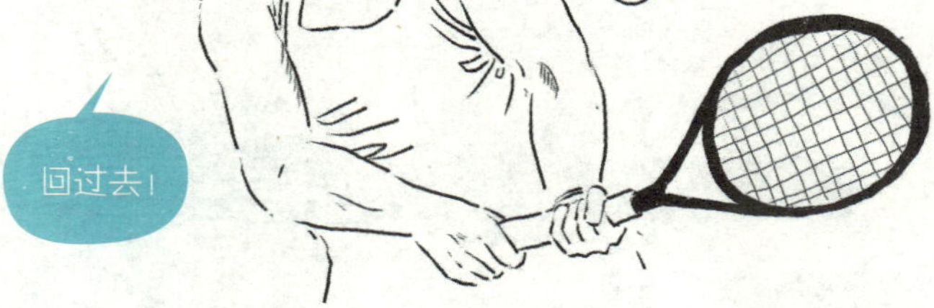

售后回租的模式如下：

售后回租，即承租人将其自制或外购的设备或其他资产出售给租赁公司，获得融资，再将该设备或资产从租赁公司租回并使用的方式。

与“直租”相比，售后回租业务中，承租人和出卖人为同一人。

售后回租有利于承租人盘活已有资产，降低企业负债率，
适用于流动性不充裕的企业。

无论直租还是售后回租，租赁合同期内租赁物所有权归属出租人，
承租人只拥有使用权。

租赁期满，承租人付清租金后，有权按照残值或很低的价格购入租赁物，以拥有其所有权。

从税务上考虑，
就直租来说，在租赁期间承租人虽然对租赁物没有所有权，
但税务上视为购买，可以进行折旧和抵税。出卖人向出租人开具发票，
出租人向承租人开具发票。

而就售后回租来说，在全面营改增后该业务被定义为贷款业务，
承租人不能将所开具的发票作为进项抵扣。

因为，抵押贷款业务是这样的：

而售后回租流程是这样：

所以嘛，售后回租业务类似银行的抵押贷款，
只不过资金方由银行变成了租赁公司，所以被纳入贷款业务。

与银行贷款相比较，融资租赁虽然费用高，但限制相对较少。

若我们把银行贷款比作公交车，车票相对便宜，但要遵守规则和制度。

融资租赁就像出租车，价格相对较高，但更灵活，对“抵押物”的要求不像银行那么高，可以是银行估值很低甚至不认可的设备。

可以说，融资租赁是对金融体系的有效补充。

根据融资租赁公司发起人背景的不同，
可以分为

银行系融资租赁公司主要发起人为商业银行和资管公司等，
由于有母公司的信用支撑和客户资源，其融资能力和
业务拓展能力都很强。

厂商系融资租赁公司的母公司背景往往为制造型企业。其设立的目的是促进自家产品的销售或者提高收益率。

独立第三方租赁公司是除以上两者以外的租赁公司，背景更多元化，业务模式灵活，具有丰富的业务资源。

根据监管主体的不同，融资租赁公司分为以下几类：

1. 金融租赁公司

该类融资租赁公司是经银监会[①]审批设立的，它属于非银行金融机构，其注册资本要求实缴货币资本 1 亿元人民币以上。

业内对其有个爱的简称，叫作……

---

① 2018 年 3 月 13 日，中国银行业监督管理委员会和中国保险监督管理委员会根据国务院机构改革方案进行合并，现为中国银行保险监督管理委员会。

哦，不好意思，写错了，

“金租”融资渠道相对丰富，可通过同业拆借和吸收非银行股东 3 个月（含）以上的定期贷款来融资。

上面所说的银行系融资租赁公司多属于“金租”。

2. 非金融租赁公司
该类融资租赁公司属于一般工商企业。

业内对其也有个爱的简称，叫作

银角大王

哦，不好意思，又叫错了！
划掉！

~~银角大王~~

商租

“商租”包括外资融资租赁公司和内资试点融资租赁公司。

外资融资租赁公司由商务部负责审批，商务部已把审批权下放到各省、直辖市的商务委。

内资试点融资租赁公司由商务部和国税总局联合审批，由各省级商务委受理后转报商务部和国税总局审批。

但是，

银保监会

自 2018 年 4 月 20 日起，融资租赁划归银保监会管理。
商务部也将制定融资租赁公司业务经营和监管规则的职责划给银保监会。

一句话名词解释

融资租赁合同：出租人根据承租人对出卖人、租赁物的选择，向出卖人购买租赁物，提供给承租人使用，承租人支付租金的合同。

售后回租：承租人将其自制或外购的设备或其他资产出售给租赁公司，获得融资，再将该设备或资产从租赁公司租回并使用的方式。

银行系融资租赁公司：主要发起人为商业银行和资管公司等，由于有母公司的信用支撑和客户资源，其融资能力和业务拓展能力都很强。

厂商系融资租赁公司：该类租赁公司母公司背景往往为制造型企业，其设立的目的是促进自家产品的销售或者提高收益率。

独立第三方租赁公司：除了银行系和厂商系融资租赁公司以外的租赁公司，背景更多元化，业务模式灵活，做行业细分，具有丰富的业务资源。

4. 你离登上福布斯富豪榜只差一个杠杆收购？

我和你讲
你和福布斯富豪榜的距离就差
一个杠杆收购……

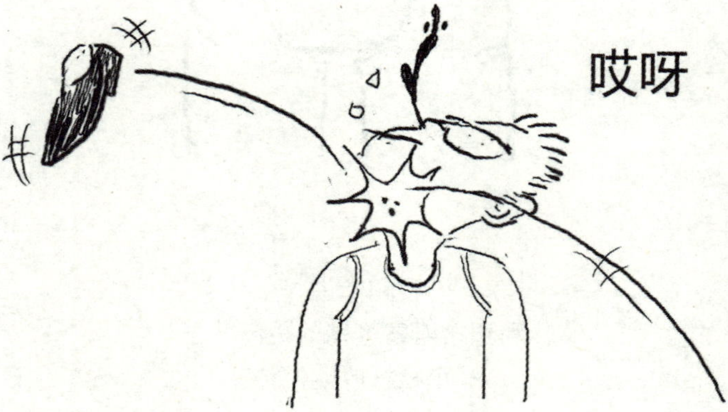

杠杆收购（Leveraged Buy-out，LBO）又称融资并购，是指公司或个体利用收购目标的资产作为债务抵押，收购一家公司的策略。

好吧，来看个场景，
老王有家包子店，最近想出售。
李老太动了凡心，哦，没有凡……

怎么办？
借钱举债买呗！用 1 万元撬动 10 万元资产，
这就是杠杆收购最本源的想法。

换句话说，就是借别人钱，买自己的公司。

实际借债流程当然不是这么简单。
以下为杠杆收购通常的操作流程图：

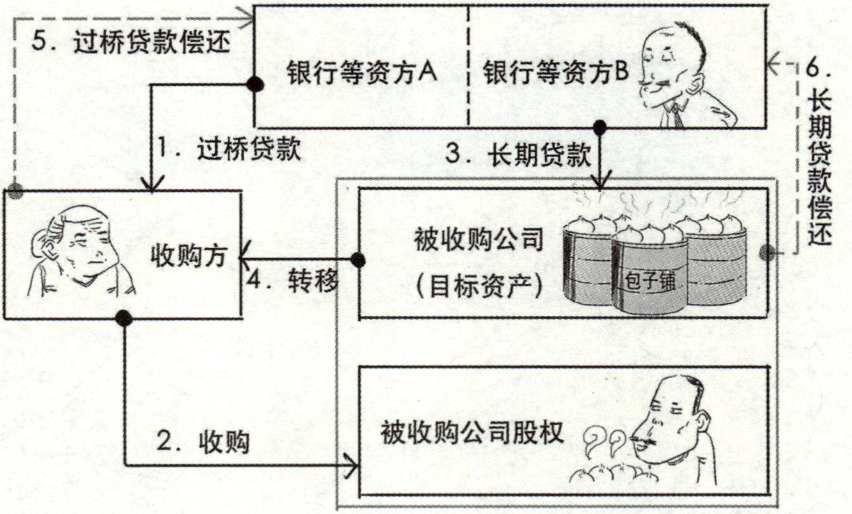

杠杆收购一般是看中目标公司未来稳定的现金流或者有潜力、有发展前景，债务比例低，这样资方才愿意投入，你才能加杠杆。

这家包子店，每年收入 3 万元，
我出 1 万元，你借我 9 万元，
3 年就能还清。
听上去
不错。

我有专业的管理团队，年
收入至少翻一番，1.5 年就
能还清债务。
借你。

我们来看一下具体的操作步骤：
第一阶段：LBO 设计准备阶段。
主要是由发起人（通常是收购方，比如李老太）制定
收购方案和融资安排，与被收购方进行谈判。
内容不外乎：

第二阶段：集资阶段。
（1）通常是收购方出资 10%。
（2）同时向银行借入过渡性贷款（过桥贷），一般是收购价格的 50%~70%。

嘿，还真的要靠颜值，收购方的最优策略当然是抵押目标企业。
一般是以下两种场景：

这时候收购方一般只能先用自有抵押物来获得过桥贷款，
当然也有例外：

这时银行、收购方、被收购方会签署三方协议，收购方持有债务，被收购方持有融资款，银行处持有抵押物。协议一般会约定若收购失败，合同解除、返还价款、解除抵押等事宜。

一旦收购失败，若协议约定借款合同自动解除，
则抵押担保作为从属权也随之无效。
现在我们回头来看 LBO 的概念就能理解了。

（3）发行收购价格 20%~40% 的垃圾债券。

嗯，垃圾债券，就是高风险债券，标准普尔评级在 BBB 级及以下。

垃圾债券的最大特点是高风险高收益。
收购目标公司具有很大的不确定性，只有高收益才对风险偏好的
投资者有吸引力。
历史上最著名的垃圾债券之王是迈克尔·米尔肯，
改写了美国证券金融业发展的历史。

迈克尔·米尔肯
(Michael Milken)

他推荐机构投资者投资的“垃圾债券”的年收益率可高达 50% 以上。

后来米尔肯以“掩盖股票头寸、帮助委托人逃税”等罪名被判处 10 年监禁，赔偿和罚款 11 亿美元，禁止再从事证券业。

米尔肯虽入狱，但其理论未被金融界抛弃，
“垃圾债券”作为一种金融工具被广泛接受。

但是我国其实还没有推出真正意义上的垃圾债券这类券种。

国外对证券采用风险定价，风险越高的债券提供的收益越高，
所以高收益债券一般等同于垃圾债券。

高收益 ≈ 信用等级低 ≈ 垃圾债券

垃圾债券除了收益率这个指标，还要看信用评级。我国发行债券初始评级基本都在 BBB 以上，所以没有严格意义上的垃圾债券，前期高收益类债券主要在地产和城投项目。

扯远了，我们说回杠杆收购。

因为我国杠杆收购中鲜有垃圾债券身影，故我国 LBO 中现行常用的做法是收购方自有资金出资 50%，银行并购融资授信 50%（并购贷款指引规定的上限）。

（4）其他集资来源：PE 投资或者收购方发行债券（私募债等）。

第三阶段：收购者以筹集到的资金购入被收购公司的期望份额的股份。

若前期“颜值欠佳”的收购方，此时可把被收购公司资产作为抵押借入长期贷款，归还先前的过桥贷款，以项目经营收入来实现还款。

第四阶段：对并购目标企业进行整改，以获得并购时所形成负债的现金流量，降低债务风险。

此外，杠杆收购一般兼有管理层收购的操作。

这其实就是管理层收购 (Management Buy-Outs，即 MBO)，也属于杠杆收购。

这一节就说到这儿吧。

我估计你登上福布斯基本不可能了。

我刚才话没说完，被你打断了好不好!
我的原话是你和福布斯富豪榜的距离就差一个杠杆收购、
一轮大牛市和一套拆迁房。

一句话名词解释

杠杆收购（Leveraged Buy-out，LBO）： 又称融资并购，是指公司或个体利用收购目标的资产作为债务抵押，收购一家公司的策略。

垃圾债券： 高风险债券，标准普尔等评级在 BBB 级及以下。